DE L'ÉTAT DE NATURE À L'ÉTAT DE SOCIÉTÉ Problématisation de la dialectique civilisatrice dans le "Discours sur l'origine et les fondements de l'inégalité parmi les hommes" de Jean-Jacques Rousseau.

Marien-Edgard Ngbali BEMI

Published by MarBe, 2024.

DE L'ÉTAT DE NATURE À L'ÉTAT DE SOCIÉTÉ PROBLÉMATISATION DE LA DIALECTIQUE CIVILISATRICE DANS LE "DISCOURS SUR L'ORIGINE ET LES FONDEMENTS DE L'INÉGALITÉ PARMI LES HOMMES" DE JEAN-JACQUES ROUSSEAU.

First edition. February 28, 2024.

Copyright © 2024 Marien-Edgard Ngbali BEMI.

ISBN: 979-8224004447

Written by Marien-Edgard Ngbali BEMI.

Also by Marien-Edgard Ngbali BEMI

DE L'ÉTAT DE NATURE À L'ÉTAT DE SOCIÉTÉ
Problématisation de la dialectique civilisatrice dans le "Discours sur
l'origine et les fondements de l'inégalité parmi les hommes" de
Jean-Jacques Rousseau.

Table des Matières

DE L'ÉTAT DE NATURE À L'ÉTAT DE SOCIÉTÉ Problématisation de la dialectique civilisatrice dans le "Discours sur l'origine et les fondements de l'inégalité parmi les hommes" de Jean-Jacques Rousseau. 1

AVANT-PROPOS 5

INTRODUCTION GÉNÉRALE.....................8

CHAPITRE PREMIER | L'ÉTAT DE NATURE » DANS LA TRADITION PHILOSOPHIQUE.....................12

CHAPITRE DEUXIÈME | PROBLÉMATISATION DE LA DIALECTIQUE CIVILISATRICE.....................34

CHAPITRE TROISIÈME | PLAIDOYER POUR UNE SOCIÉTÉ LÉGITIME ?.....................55

CHAPITRE QUATRIÈME | REVISITER ROUSSEAU : LA PERTINENCE DE SA THÉORIE DE L'INÉGALITÉ AUJOURD'HUI 66

CONCLUSION GÉNÉRALE.....................82

BIBLIOGRAPHIE.....................86

DE L'ÉTAT DE NATURE À L'ÉTAT DE SOCIÉTÉ

Problématisation de la dialectique civilisatrice dans le "Discours sur l'origine et les fondements de l'inégalité parmi les hommes" de Jean-Jacques Rousseau.

DÉDICACE

À tous les miens défunts qui m'ont précédé au royaume des ancêtres, spécialement : ma maman Francine Binda Gbaza, mon papa Roger Bemi Nkosi, ma soeur Marceline Bemi, mon frère Roger Bemi, ma tante Laurette Binda Lanza, mes oncles le lieutenant Dominique Nkumboko and Fifi Ubindi, ma grand-mère Irène Binda Gracia, mon grand-père Sylvestre Lanza Gatanga, mon arrière-grand-mère Marguerite Ubindi;

À toutes les victimes du règne de l'inégalitaire de par le monde et spécialement en Afrique;

À tous les hommes de bonne volonté qui luttent pour l'avènement d'une société juste et plus humaine;

Je dédie ce livre.

ÉPIGRAPHE

"L'homme est né libre, et partout il est dans les fers".
(Jean-Jacques Rousseau)
"Le peuple noir n'a jamais cessé d'être exploité, marginalisé dans son propre terroir, par l'esclavage, et le système colonial, puis par les élites au pouvoir, toujours tournés vers l'étranger qui s'en servait comme relais pour prolonger sa mainmise économique".
(Fabien Eboussi Boulaga)
"Le pire de l'entreprise civilisatrice s'avère être finalement l'aliénation de l'être pour l'avoir, le paraître et le pouvoir".
(Marien-Edgard Ngbali Bemi)

REMERCIEMENTS

Mes sincères remerciements à mon collègue, Monsieur Vincent di Placido, professeur de Français à l'École Britannique Internationale d'Istanbul, d'avoir accepté volontiers de lire la première ébauche de ce livre.

Ma gratitude va également à tous mes professeurs - vivants ou morts - de philosophie à l'université Loyola du Congo et à l'Open University au Royaume Uni qui m'ont toujours encouragé à sortir des sentiers battus pour "embrasser" sans ambages la rationalité.

À tous et à chacun, de tout cœur, grand merci.

AVANT-PROPOS

Fils d'Isaac Rousseau, horloger, et Suzanne Bernard, Jean-Jacques Rousseau naquit d'une famille d'origine française le 28 juin 1712 à Genève. Il fut baptisé le 4 juillet de la même année. Trois jours après, le 7 juillet, il perd sa mère ; ainsi sera-t-il élevé par sa tante Suzanne Rousseau. Sa vie vagabonde commence de bonne heure : à l'âge de 10 ans, le 21 octobre 1722, il est en pension chez le pasteur Lambercier, à Bossey, près de Genève ; deux ans plus tard, il fut placé chez un greffier, puis le 26 avril 1725, un contrat d'apprentissage pour cinq ans fut signé pour Jean-Jacques Rousseau avec le maître graveur Abel du Commun. Au retour d'une promenade, le 14 mars 1728, Rousseau trouva les portes de la ville fermées et il décida de ne plus retourner chez son patron graveur, afin d'échapper à la tyrannie de celui-ci

Il se réfugia chez le Curé du village de Confignon, qui le dirigea le 21 mars sur Annecy auprès de Mme De Warens ; cette dame, zélée pour la conversion des protestants, l'adresse à l'école des catéchumènes de Turin, où il reçût le baptême : il abjura le protestantisme le 21 avril 1728. Grâce à l'appui et au soutien de Mme De Warens, Rousseau put s'instruire, apprendre la musique et le latin, lire les philosophes.

Il exerce, de 1728 à 1738, les professions de laquais, de secrétaire, de professeur de musique, d'interprète, d'employé du cadastre, etc. Alors commencent pour lui de longues années de pérégrinations dont l'itinéraire le conduisit tour à tour à Lausanne, Neuchâtel (1730), Paris, Chambéry, Montpellier (1737), Lyon (1740), Paris (1742), Venise, et enfin aux Charmettes près de Chambéry ou sa protectrice, Mme De Warens, le voyant « altéré de femmes », jugea que, « pour l'arracher au péril de sa jeunesse, il était temps de le traiter en homme ».

En 1721, il se fixa à Paris, où il essaya vainement de faire réussir un essai de notation – de nouveaux signes – musicale dont il était l'inventeur ; il quitta Paris pour Venise, où il fut secrétaire de l'ambassadeur de France. En 1742, il se répand, toujours à Paris, dans la société mondaine et intellectuelle dans laquelle ses relations avec le milieu des encyclopédistes ne furent pas exemptes de traverses. C'est à cette époque qu'il se lie avec Thérèse Lavasseur ; elle lui donna cinq enfants que le futur pédagogue de l'Emile confia à l'assistance publique. Il commença à 1745 à entrer en relation avec les philosophes, surtout Diderot.

En 1750, Rousseau publia son *Discours sur les sciences et les arts* qui lui valut une éclatante célébrité ; en 1753, son opéra-comique : *Le Devin du village* obtient aussi un grand succès ; en 1754, parut le *Discours sur l'origine et les fondements de l'inégalité parmi les hommes* et la même année, au cours d'un bref séjour à Genève, il abjura le catholicisme. En 1756, il s'installa chez Mme d'Epinay, à l'Ermitage près de la forêt de Montmorency, où il commença à rédiger *La Nouvelle Héloïse*, mais son inclination pour Mme d'Oudelot, belle-sœur de son amphitryonne, excita la jalousie de cette dernière et, en 1757, le Maréchal de Luxembourg l'accueillit dans son château de Montmorency ; c'est là qu'il composa *L'Émile* et *Le Contrat Social* dont la publication en 1762 l'obligea à s'exiler. Avant son exil, il écrivit *La Lettre a d'Alembert sur les spectacles*, à propos de l'article de Genève, dans l'Encyclopédie, où d'Alembert avait blâmé l'article de la constitution de Genève qui défendait les théâtres.

À la suite de ces ouvrages (L'Emile et Le Contrat Social), Rousseau n'échappa à l'arrestation que par la fuite ; il se réfugia à Motier-Travers, en Suisse, d'où il fut chassé, puis en Angleterre auprès de David Hume ; les premières pages des Confessions datent de ces années d'exil. De retour à Paris en 1767, Rousseau y mena une existence inquiète et tourmentée, décrite dans les *Rêveries d'un promeneur solitaire* ; après diverses résistances, il accepta en mai 1778 l'hospitalité du Marquis de Girardin, et il meurt six semaines plus tard le 2 juillet à 11 heures du matin dans cette retraite d'Ermenonville. Inhumée le 4 juillet à 11 heures du soir, la dépouille mortelle de Jean-Jacques Rousseau fut transférée au Panthéon en 1794 où elle reçut les honneurs du 9 au 11 octobre de la même année.

INTRODUCTION GÉNÉRALE

1. EXORDE

Devenu un auteur célèbre depuis la publication du Discours sur les sciences et les arts, et les polémiques qui suivirent (1750), Jean-Jacques Rousseau apprend, non sans surprise, en 1753, le sujet du nouveau concours de l'Académie de Dijon : quelle est l'origine de l'inégalité parmi les hommes, et si elle est autorisée par la loi naturelle ? Pour méditer sur ce sujet, qui du reste rejoint ses propres préoccupations, il effectuera une « retraite » dans la forêt de Saint-Germain :

« Enfoncé dans la forêt, j'y cherchais, j'y trouvais l'image des premiers temps, dont je traçais fièrement l'histoire ; je faisais main-basse sur les petits mensonges des hommes ; j'osais dévoiler à nu leur nature, suivre les progrès du temps et des choses qui l'ont défigurée, et, comparant l'homme de l'homme et l'homme naturel, leur montrer dans son perfectionnement prétendu la véritable source de ses misères. Mon âme, exaltée par ces contemplations sublimes, s'élevait auprès de la Divinité ; et, voyant de la mes semblables suivre dans l'aveugle route de leurs préjugés, celle de leurs erreurs, de leurs malheurs, de leurs crimes, je leur criais d'une faible voie qu'ils ne pouvaient entendre : 'Insensés, qui vous plaignez sans cesse de la nature, apprenez que tous vos maux viennent de vous'. »[1]

Le résultat de ces méditations dans ce lieu naturel par excellence que symbolise la forêt visera plutôt un plus large public, le genre humain tout entier que le prix de l'Académie. Rey, libraire et ami de Rousseau, se chargera de faire imprimer à Amsterdam en avril 1755 la dissertation rousseauiste – effectivement non primée par l'Académie et intitulée : *Discours sur l'origine et les fondements de l'inégalité parmi les hommes* – qui sera mise en vente à Paris au milieu de la même année.

2. POSITION DU PROBLÈME

Déjà dans son premier *Discours sur les sciences et les arts*, Rousseau constatait, en bon sociologue, la dégradation des mœurs, due à l'exercice d'une science stérile. De morale qu'elle était dans le premier Discours, la critique rousseauiste de la réalité sociale deviendra politique dans le second *Discours sur l'inégalité*. Il ne s'agira plus de constater simplement que la vertu a cédé la place à l'amour propre, et que l'être et le paraître ont été scindés, mais de découvrir les causes profondes de ces vices, la racine du mal socio-anthropologique.

Si les réponses au premier *Discours* soutenaient déjà, implicitement, que le mal, identifié à l'inégalité, n'appartient pas tant à l'homme qu'à l'homme mal gouverné, le second Discours affirmera explicitement et avec force que le mal n'apparaît qu'avec la société. Conscient – depuis 1743, année de son séjour à l'ambassade de France à Venise – du lien entre la morale et la politique ainsi que de l'incontournabilité du « politique », Rousseau préparait un ouvrage sur les institutions politiques. Sur ce, il entreprend la lecture assidue des classiques de la philosophie politique ainsi que les juristes de l'école du droit naturel : Platon, Aristote, Machiavel, Spinoza, Montesquieu, Hobbes, Locke, Crotius, Pufendorf, Barbeyrac, Burlmaqui... C'est au sein d'un contexte socio-politique agité que décollera la philosophie politique du citoyen de Genève.

3. PLAN DU LIVRE

La critique du devenir social, tel est le thème de notre réflexion. Il s'agira de montrer, à travers quatre chapitres, la prise de distance de Rousseau par rapport à sa société, fondée sur les inégalités civiles (cfr. La bourgeoisie, la noblesse, le clergé, le petit peuple au XVIIo siècle). Le dialogue avec Rousseau, au-delà de la critique de la société injuste, suivra tout le mouvement du *Discours sur l'inégalité*. Nous partirons d'une anthropologie pour aboutir à une éthique en passant par une phénoménologie du socio-politique.

Le premier chapitre parlera de l'État de Nature dans la tradition philosophique et en particulier chez Rousseau. La visée est la saisie de l'anthropologie qui porte et éclaire le second Discours rousseauiste. Et l'originalité de cette anthropologie s'inscrira, à travers une continuité et discontinuité, dans la tradition philosophique, faite des reprises et des débats. Dans cette perspective, nous évoquerons en passant la conception de l'État de Nature selon différents philosophes.

La problématique de la dialectique civilisatrice constituera le deuxième chapitre de notre démarche réflexive. Nœud de notre approche, mettra en exergue les méfaits du devenir social. Il sera certes question de saisir les tenants et les aboutissants de l'effet corrupteur des institutions sociales : propriété, magistrature, pouvoir arbitraire. Nous tâcherons également de stigmatiser les différents âges ainsi que les caractéristiques essentielles de la chute de l'humanité.

Après la critique socio-politique, une éthique interviendra en vue de postuler une société juste. La réforme du vivre-ensemble, à travers un plaidoyer pour une société légitime, appellera de tous ses vœux le vrai contrat social, seul capable de réaliser juridiquement une société juste. Si l'*Émile* prônait l'éducation selon la nature pour préserver l'homme de la corruption sociale progressive, le contrat social postule par le second *Discours* verra en la loi, expression de la volonté générale, le cadre d'épanouissement de la nature au sein de la société.

La grille de lecture rousseauiste nous permettra, nous l'espérons, d'analyser à nouveaux frais et en guise de contextualisation du *Discours sur l'Inégalité*, les problèmes modernes. Il va sans dire que le parallélisme entre le rousseauisme et la réalité contemporaine ne s'effectuera sûrement pas terme à terme. Notre contextualisation comparative, dans le quatrième chapitre intitulé : *"Revisiter Rousseau : la pertinence de sa théorie de l'inégalité aujourd'hui"*, prendra volontiers une marge de liberté par rapport à l'originalité rousseauiste.

L'important pour nous est de constater qu'au-delà de sa forme, ce *Discours* rousseauiste d'autres temps s'avère être pertinent encore aujourd'hui à plusieurs égards. La saisie de la contextualisation du rousseauisme débouchera sur le rapprochement de la réalité des inégalités contemporaines. Autrement dit, nous tenterons dans ce dernier chapitre d'analyser notre société inégalitaire à travers une optique rousseauiste.

CHAPITRE PREMIER
L'ÉTAT DE NATURE » DANS LA TRADITION PHILOSOPHIQUE

1.1. INTRODUCTION

Une des caractéristiques de l'âge classique et de l'*Aufklaräng[2]* est la mise au point d'une approche consistant dans la quête de l'origine : origine de la société, origine des connaissances, origine des langues, origines des inégalités parmi les hommes. Quant à la recherche de l'homme naturel, s'agit-il d'une démarche archéologico-historique ou d'une approche téléologico-essentialiste ?

L'exploration de différentes conceptions d'État de Nature tentera avec quelque succès, nous l'espérons, de répondre à cette question. Force est de remarquer au préalable un intérêt de plus en plus pressant à ce thème autour de l'époque des Lumières. Abordé à la fois par des jurisconsultes comme Grotius et Pufendorf, par des théologiens comme Hooker, et par des philosophes comme Hobbes, Locke, Rousseau et plus tard Kant, ce concept a reçu des contenus différents selon la diversité des reconstructions intellectuelles de l'événement supposé fondateur.

L'évocation de ce double état primitif – fondation historique et/ou fiction rationnelle – s'effectuera à travers une classification, du reste en partie arbitraire, puisque personnelle. L'école du droit naturel, l'empirisme, le criticisme constitueront nos « topiques ». Néanmoins, quelles que soient les tendances philosophiques diverses, le substrat commun s'avère être l'inscription de tous ces penseurs dans une perspective contractualiste qui définit l'état naturel, par opposition à cet état social ou civil advenu grâce à un contrat communautaire, comme celui où l'homme pourrait réaliser son essence indépendamment de tout lien d'un vivre-ensemble.

Ainsi, l'originalité de l'anthropologie rousseauiste transparaîtra et s'inscrira, à travers une continuité ainsi qu'une discontinuité, dans la tradition philosophique, faite de reprises et de débats.

1.2. LA NOTION D'« ÉTAT DE NATURE » CHEZ LES THÉORICIENS DU CONTRAT SOCIAL

Depuis Hobbes, le recours à l'hypothèse de l'« état de nature » pour expliquer l'origine ainsi que le fondement de la société est un lieu commun de la philosophie politique. Cependant la description de cet état de nature où se trouverait l'homme avant l'institution de la société n'a pas la même fonction chez Rousseau et chez les autres écoles contractualistes.

1.2.1. L'ÉCOLE DU JUSNATURALISME

« Agere sequitur esse »[3] est le principe philosophique originel de l'école du droit naturel. D'où la recherche de la « définition » de l'humain qui est au centre du droit naturel, lequel droit fonde le droit positif. Doté du caractère d'universalité et d'immutabilité, le droit naturel est inscrit dans l'essence des choses. Comment dès lors saisir cette essence des choses, en particulier de l'humain ? Cette question exprime, sans doute, la difficulté de penser le droit naturel sans une connaissance de l'homme naturel, car la quête de l'origine ou de la source du droit positif présuppose une anthropologie.

1.2.1.1. LE BINÔME DROIT-HOMME

Les pères (Aristote et Saint Thomas d'Aquin) comme les théoriciens (Grotius, Hobbes, Pufendorf, Barbeyrac, Burlamaqui, Vattel...) du jusnaturalisme estiment qu'il s'agit moins d'une déduction que d'une observation empirique, du constat de l'existence du droit au sein de toutes les sociétés humaines.[4] Quoiqu'empirique, ce constat n'en implique pas moins une déduction, ou mieux une définition de l'essence des choses et surtout de l'être humain. Il sied, d'entrée de jeu, de noter que la description de l'être originel ou originaire s'avère être souvent une projection du devoir-être actuel, une finalité essentielle.

L'anthropologie philosophique a mis en exergue le lien quasi nécessaire entre l'être et le devoir-être du genre humain. La quiddité de celui-ci a reçu une diversité de réponses, liée à celle des méthodes de questionnement. La méthode comparative aristotélicienne (l'homme est un animal raisonnable) et la définition introspective cartésienne (l'homme est une âme pensante unie à un corps) affirment une quiddité ; la critique au nom de l'expérience (Hume et Kant) aboutit à sa mise en suspens ; le renvoi à la dialectique (Hegel et Marx : la nature humaine est en perpétuel devenir) et à l'existence (Kierkegaard, Levinas, Sartre... : l'homme, de par sa liberté, est un projet) déclare son impossibilité. Au-delà de ces tentatives définitionnelles, précisions davantage la conception pufendorfienne de l'état de nature.

1.2.1.2. SAMUEL VON PUFENDORF (1632 – 1691)

Continuateur de Hugo de Groot dit Grotius qui a écrit le célèbre *Droit de la guerre et de la paix*, Pufendorf expose, dans le livre II de son ouvrage principal : *Droit de la nature et des gens*, sa conception de l'état de nature, comme

 « *Hypothèse de travail dont l'analyse permet de mieux comprendre ce qui est et ce que doit être – l'état social dans lequel le droit naturel permet aux hommes de s'unir par un contrat pour préserver leur paix et leur sécurité.* »[5]

Quelles étaient donc les caractéristiques de l'humanité présociale, ou mieux pré-institutionnelle ? Quoiqu'opposé à la société civile, conventionnelle, l'état primitif tel que le concevait l'auteur du *Droit de la nature et des gens* n'en demeure pas moins une société, et une société naturelle. En effet, il y existe déjà des relations interindividuelles, fondées, en vertu de la similitude naturelle, sur les liaisons simples et universelles, indépendantes tout de même de toute contrainte sociale. L'intersubjectivité « se possibilise » grâce à certaines qualités essentielles.

Ce premier monde est celui de la liberté et de l'égalité mutuelles qui excluent toute subordination à une autorité commune quelconque, laquelle autorité – politique dans ce cas – aura une origine plutôt contractuelle que naturelle. La non-naturalité n'empêche pourtant pas l'existence d'une sociabilité humano-naturelle, à ne pas identifier bien sûr avec le penchant (aristotélicien ou vitorien) essentiel à la socialité. Accessoire, adventice, artificiel, l'état social, par opposition à l'état naturel, demeure un fruit de l'action humaine, selon Pufendorf.

Ce dernier réfute le pulsionnisme mécaniste hobbesien qui réduit l'homme à sa pure animalité. Celui-ci possède des facultés, dont la raison, inscrites de par la volonté du Créateur dans l'essence même de la créature. Cette faculté rationnelle possède non seulement une règle générale, sûre et uniforme, mais fournit aussi à l'esprit les préceptes généraux et les maximes fondamentales de la loi naturelle. Si l'état de nature s'avère être un havre de paix, c'est que la loi naturelle est mise en pratique grâce à l'usage de la raison réalisant le dépassement des intérêts privés et personnels, en vue du bien commun. Comment fonder alors en raison la sortie de cette condition originelle si salutaire ?

Que l'on ne s'y méprenne pas ! La fin du discours de Pufendorf est teintée d'anthropologie hobbesienne. Il s'ensuit un tableau fort peu réjouissant de la férocité et de la diversité des affections du primitif. Malice, ambition démesurée, avidité, violence, libertinage, méchanceté, telles sont les caractéristiques de l'animal, le plus méchant parmi les bêtes, qu'est l'homme naturel. C'est cette « *hybris* »[6] justement qui rend nécessaire l'avènement de la société civile. Si Pufendorf refuse qu'on réduise l'état de nature à l'état de guerre généralisée, cet état naturel n'en débouche pas moins sur la guerre de tous contre tous.

C'est en vertu de sa raison que le primitif quitte sa première condition devenue anarchique, chaotique, pour une société juridique, fondée sur une autorité politique commune.

Jean-Fabien SPITZ a donc raison de dire :

« dans le premier usage des concepts d'état de nature et de la nature humaine, Pufendorf pose une définition de l'essence de l'homme et de sa destination, tandis que dans le second usage il décrit une effectivité ».[7]

Il va sans dire que la description de l'effectivité rejoint la préoccupation empiriste, basée sur l'observation des faits.

1.2.2. L'EMPIRISME

Loin de viser un débat épistémologique ou gnoséologique, notre démarche veut être simplement une prise au sérieux de la polysémie, concernant l'état de nature, une polysémie qui nous enseigne une plurivocité contextuelle et « acceptionnelle ». Relever l'émergence de la question de l'origine au sein d'un courant de pensée particulier, à cela se limite notre intention. Comme il convient de comprendre exactement ce dont on parle, c'est-à-dire notamment la topique d'éclosion d'une problématique philosophique, arrêtons-nous un instant à la définition, fort lapidaire du reste, de l'empirisme.

Disons, en substance, que *« l'empirisme qualifie toute doctrine philosophique admettant que la connaissance humaine déduit de l'expérience aussi bien ses principes que ses objets ou contenus »*[8]. Il va de soi que l'empirisme s'oppose aux différents courants du rationalisme : absolu (Platon, Descartes), critique (Kant), ouvert ou dialectique (Gaston Bachelard).

Deux empiristes anglais du courant contractualiste retiendront notre attention, à savoir Thomas Hobbes et John Locke.

1.2.2.1. THOMAS HOBBES (1588 – 1676)

Le « tarmac » épistémologique d'où s'effectue le décollage conceptuel de ce philosophe anglais est empirico-mécaniste, puisqu'inspiré de la géométrie d'Euclide comme de la physique de Galilée. Au principe de la connaissance se trouve la sensation dont dérive la science. La construction de celle-ci nécessite pourtant une connaissance rationnelle que Hobbes définit comme l'art d'utiliser et de combiner les signes du langage, mais référence à une essence que l'on prétendrait saisir. L'homme, quant à lui, est doté d'un principe, appelé *conatus* comme chez Spinoza, d'un effort pour atteindre ce qui lui plaît (le bien) et fuir ce qui lui déplaît (le mal). Ainsi, l'agir humain obéit à une règle d'utilité qui vise en tout à la conservation de soi. Tous ces éléments n'ont qu'un rôle propédeutique d'introduction à l'anthropologie hobbesienne.

« *Homo homini lupus* », voilà l'essentiel du pessimisme anthropologique que l'auteur du *Léviathan* développe en trois phases : de l'égalité à la défiance, de défiance à la guerre, de la guerre (dernier terme de l'état de nature) à la société civile, résultat d'un pacte. Alors que Pufendorf pense que le primitif était sociable et raisonnable, Hobbes le taxe d'avide et d'orgueilleux. Le mouvement réflexif du philosophe anglais va de l'être au devoir-être, à l'inverse du jurisconsulte allemand. Tâchons de l'expliquer.

L'égalité originelle – qui n'exclut sans doute pas les inégalités physiques ou la différence des aptitudes – est brisée par la rencontre conflictuelle et concurrentielle des désirs d'auto-accomplissement et de conservation de soi. Du a trois causes principales : la rivalité, la méfiance, la fierté, et obéissant à la logique de l'intérêt, ce jeu de destruction réciproque, par la violence ou par la ruse – élevées toutes deux au rang de vertus cardinales –, dégénère en guerre généralisée de tous contre tous, de chacun contre chacun, ainsi qu'en une crise multisectorielle :

« *une telle guerre, commente à juste titre Jean-Jacques Chevalier, empêche toute industrie, toute agriculture, toute navigation, tout confort, toute science, toute littérature, toute société et ce qui est le pire de tout, c'est cette crainte continuelle et le danger continuel de mort violente* ».[9]

De cet état d'instabilité, d'insécurité, de misère, s'ensuit une vie humaine « *solitaire, besogneuse, pénible, quasi-animale, et brève* ».[10]

D'une lecture attentive du *Léviathan*, il se dégage clairement que l'état de nature est au fait une société naturelle où déjà des relations interhumaines s'entretiennent. Il apparaît que le concept de guerre possède une connotation plus étendue. Au-delà de toute effectivité, la guerre signifie : toute volonté avérée de se battre et pas seulement le fait actuel de se battre.

Le passage de la société naturelle à la société civile s'effectue au moyen d'un contrat irrévocable par lequel les individus, de par leur raison et dans l'intérêt de la paix, renoncent à leurs droits naturels. La gestion de ceux-ci est confiée à un monarque qui, non soumis au pacte fondateur, exerce un pouvoir politique despotique. Défenseur de la monarchie, l'approche contractualiste de Hobbes s'écarte nettement de l'absolutisme de droit divin à la Bossuet comme à la Ramsay.

Nous pensons pour notre part que la guerre civile anglaise qui a eu lieu deux ans avant la parution du Léviathan n'a certainement pas laissé indifférente la conception hobbesienne de la réalité humaine, le philosophe étant fils de son temps. La description de l'état de guerre n'est-elle pas une « reprise-autre » de cette guerre civile anglaise ? De toutes les façons, cette approche semble montrer d'une certaine manière que la moralisation de l'homme passe nécessairement par la société politique contractuelle. Voilà le plus important.

1.2.2.2. JOHN LOCKE (1632 – 1704)

Le choix d'un deuxième représentant de l'empirisme veut être une simple mise en évidence de la diversité anthropologique que peut proposer un même courant philosophique. En effet, John Locke est un empiriste anglais – dont l'approche combat l'innéisme cartésien par une théorie de l'esprit comme table rase à remplir par les connaissances empiriques issues de la sensation et de la réflexion – qui sape l'absolutisme du Léviathan par le choix d'un libéralisme politique.

La classification lockéenne des idées semble influencer son anthropologie qui présente l'état de nature comme un concept de mode mixte. L'homme y est décrit d'une part par ce qu'il peut faire et d'autre part par ce qu'il doit faire conformément à son essence.

L'optimisme de cette anthropologie s'inscrit en faux contre la théorie qui assimile l'état de nature à celui de guerre perpétuelle :

« Ici parait la différence qu'il y a entre de nature, et l'état de guerre, lesquels quelques-uns ont confondus, quoique ces deux sortes d'états soient aussi différents et aussi éloignés, l'un de l'autre, que sont un état de paix, de bienveillance, d'assistance et de conservation mutuelle, et un état d'inimitié, de malice, et de mutuelle destruction »[11].

Comment alors expliquer la nécessité de la sortie de ce paradis où règnent la liberté et l'égalité ? L'option contractuelle consentie s'avère être un mieux-être, dans la mesure où elle constitue une prévention contre l'état de guerre et contre l'esclavage, auxquels des inconvénients de l'état de nature ouvrent une brèche.

D'abord la connaissance de la loi naturelle, inscrite par Dieu dans la raison humaine, n'implique pas dans la pratique un accord unanime des principes. Ensuite le fait que chacun soit juge et exécuteur de la loi naturelle conduit facilement à la partialité comme à des excès des emportements dus à la passion et à la vengeance.

Enfin la justice naturelle manque de force coercitive. Voilà les inconvénients qui nécessitent la présence d'un tiers, l'autorité politique, capable de régler les différences et de maintenir l'harmonie sociale.

Notons, en dernière analyse, que l'anthropologie optimiste de Locke a une dimension éthique très prononcée ; elle vise à asseoir une théorie de l'obligation, un peu à la manière de l'impératif catégorique kantien.

1.2.3. EMMANUEL KANT (1724 – 1804) ET LE CRITICISME

Développé par Kant, le criticisme est une synthèse philosophique qui se trouve à cheval entre l'empirisme et le rationalisme. Cette philosophie critique constitue une sorte d' « expérimentation », de « mise en évidence » et de « justification » de la raison pure. A y voir de près, ce système de pensée aboutit à affirmer une limitation des capacités rationnelles de connaissance (que puis-je connaître ?) et à reconnaître l'incapacité de celles-ci de dépasser le domaine de l'expérience (cfr. La métaphysique rationnelle).

Philosophe critique, Kant l'est ; contractualiste, il l'est également. Le contractualisme kantien s'inscrit dans une perspective plus large où se situe la quête d'une paix universelle et perpétuelle. Aboutissement du droit, cette paix se présente comme un passage progressif de l'état de nature à l'état civil ou juridique, sur le plan de l'État d'abord, puis sur le plan des rapports entre nations.

Procédant par synthèse et commencée par l'étude de l'homme civilisé, l'approche kantienne reconnaît que tout en étant naturelle à l'homme, la vie en société n'est pas un simple fait de nature. Il est en général question, chez l'auteur de *Vers la paix perpétuelle*, de la description d'un être-ensemble originel, même si certains commentateurs comme Jean Darbellay soutiennent que Kant aurait tenu à une certaine époque pour possible, et même réel, un état de nature asocial.[12] Il va sans dire que l'origine dont il s'agit ici n'a aucune valeur historique, elle demeure une construction rationnelle explicative.

Si Kant reconnaît que l'homme dans sa simplicité de nature a peu de tentation à devenir vicieux et que pour résister à la corruption engendrée par l'état social que la vertu est nécessaire, il refuse cependant de partager pleinement l'optimisme et les rêves rousseauistes d'un état primitif, où l'homme naturellement bon, vivrait à l'écart de ses pairs.[13]

L'état primitif kantien reste en réalité un état social opposé à l'état civil ou politique. Hostilités, rivalités, malice, instabilité des appétits, disputes, recherche effrénée des richesses et du pouvoir, voilà les inconvénients qui poussent l'homme à passer sous l'empire d'une juridiction et d'une organisation politique. Ainsi, la liberté sauvage et déréglée du départ devient-elle une dépendance légale sous la contrainte de lois publiques réglant le droit de chacun ainsi que la justice distributive. Heureuse est donc la sortie de cette condition « anomique » par le contrat originaire, acte fondateur de l'état civil (status civilis par opposition au status naturalis).

1.3. L'« ÉTAT DE NATURE » CHEZ ROUSSEAU

Comparaison n'est pas raison, dit-on ; c'est vrai, mais n'est-ce pas de la comparaison, comme choc des idées ou débat, que jaillit la lumière ? Exposer diverses conceptions de l'« état de nature » ne constitue guère pour nous une simple gymnastique dialectique. Cette démarche propédeutique veut être une mise en évidence de l'originalité de l'anthropologie rousseauiste et une saisie de ses « topiques ». Que le philosophe soit fils de son temps, cela n'empêche pourtant pas l'auteur du *Discours sur l'inégalité* de se distancier de ses contemporains et même de la tradition.

En effet, Rousseau refuse énergiquement que l'homme naturel soit sociable et doué de raison (Pufendorf, Kant), entraîné par un égoisme et une avidité actifs (Hobbes), propriétaire privé (Locke). Attribuer à l'homme naturel de telles qualités sociales, c'est verser dans l'« illusion rétrospective » et présenter comme une nécessité le passage de l'état de nature à l'état de société, c'est commettre l'« erreur symétrique ». Ce double péché est l'antithèse de l'anthropologie rousseauiste.

1.3.1. LE DOUBLE ÉTAT DE NATURE

Chercher à savoir si la loi naturelle autorise l'inégalité, sans au préalable connaître l'homme naturel, c'est mal poser le problème. Tous les prédécesseurs, et même les successeurs de Rousseau, ont emprunté cette mauvaise route qui ne rend certes pas compte de la vraie essence humaine. Leurs approches n'ont fait que présenter l'homme social rétrogradé.

Que faire, puisque cette saisie de l'originaire ne se dévoile pas aisément ? Le citoyen de Genève aborde cette problématique tantôt en spéculateur (qui écarte les faits jugés incertains et trop rares pour fonder en raison les origines des sociétés humaines, mais aussi pour prévenir les objections des théologiens), tantôt en réaliste (qui recourt aux faits pour étayer son argumentation)[14]. Ces deux aspects justifient la conception de l'état de nature anhistorique.

Cette construction rationnelle permet, comme hypothèse, d'éclaircir la nature des choses ; comme critère, de mesurer le degré d'éloignement de l'homme social par rapport à une origine hypothétique ; comme norme, de juger d'un point de vue éthique la dégradation de l'homme civilisé[15].

1.3.1.1. L'ÉTAT DE NATURE ANHISTORIQUE

Paradoxale, la méthode ici choisie implique qu'on sorte de l'histoire pour voir naître l'histoire humaine. Une telle approche récuse toute méthode analytico-régressive, partant de « l'homme-de-l'homme » et procédant par soustraction. C'est plutôt par une méthode synthético-génétique, partant de l'homme naturel et procédant par méditation ou retour sur soi-même, que Rousseau tentera de construire l'évolution de l'humanité. Si cette humanité originaire est extratemporelle, elle n'en renvoie pas moins à une expérience vécue, à un fantasme d'enfance perpétuée, à une évidence intérieure (cfr. Les œuvres autobiographiques : Les *Confessions, Rousseau juge de Jean-Jacques, les Rêveries du promeneur solitaire*).

Le caractère extratemporel et extra-historique de l'état de nature veut être une désignation mythique du temps avant le temps. L'effort d'unification philosophique qui tente de construire conceptuellement ce commencement passe par une voie autant métaphorique qu'hypothético-déductive :

« Commençons donc par écarter tous les faits, car ils ne touchent point à la question. Il ne faut pas prendre les recherches, dans lesquelles on peut entrer sur ce sujet, pour des vérités historiques, mais seulement pour des raisonnements hypothétiques et conditionnels ; plus propres à éclaircir la nature des choses qu'à montrer la véritable origine, et semblables à ceux que font tous les jours nos physiciens sur la formation du monde » [16].

L'influence patente de la science physique de l'époque sur l'auteur du Second discours, influence que ce texte met en évidence, nous dispense d'un commentaire supplémentaire. Arrêtons-nous plutôt à la maïeutique rousseauiste.

La référence au mythe platonicien de la statue de Glaucus révèle justement la difficulté de démêler, dans la nature actuelle de l'homme, l'originaire de l'artificiel. Platon utilise, dans le Xo livre de *La République*, cette métaphore de la statue immergée et défigurée, ressemblant moins à un Dieu (sic.) qu'à une bête féroce, pour exprimer la condition de l'âme, unie au corps, dans l'état où l'ont mises des milliers de maux. Rousseau se réfère à ce paradigme mythique, afin de montrer que la découverte par la pensée de l'homme naturel implique l'élimination des contingences du devenir, la suppression des manifestations adventices ainsi que le rejet (refus) d'un point de départ chronologique, qui ont brouillé la vision de la nature humaine et ont ouvert le champ de l'évolution historique. L'histoire ne ferait-elle pas partie de l'essence de l'homme ?

Si l'état de nature anhistorique se veut simultanément fondateur, source et principe dans un univers qui ne connaît pas la temporalité commune, avec ses trois dimensions – passé, présent, futur – bien scandées et son déroulement irréversible, il demeure, comme hypothèse de travail, un repère fixe, un terme de comparaison, une notion clef, un concept régulateur, un degré minimum pour apprécier les écarts, puisque toute différence apparaît un fait de culture et un artifice.[17]

Cet état hypothétique, où règnent l'égalité, la liberté, l'innocence, la paix, le bonheur, crée en l'homme social une nostalgie d'un « passé » qui, au dire du citoyen de Genève, n'existe plus, qui n'a peut-être point existé, qui probablement n'existera jamais. Cette approche conditionnelle sert, en outre, d'« utopie », c'est-à-dire qu'elle est un imaginaire pouvant stimuler toujours davantage la pensée. Il va sans dire qu'il ne s'agit pas ici de la description d'un âge d'or, ni d'une préhistoire de l'humanité, à l'instar du paradis terrestre du mythe de la Genèse, mais plutôt de l'origine même de l'histoire, du fonds originel, mieux, originaire du genre humain.

1.3.1.2. L'ÉTAT DE NATURE HISTORIQUE

Pont entre l'état de nature anhistorique et l'état de société, l'état de nature historique s'avère être cet âge d'or de l'humanité, cette véritable jeunesse du monde. Différent de l'origine conditionnelle, cet état historique représente une société idyllique à l'aube de l'histoire où l'homme est plus proche de l'originaire que le civilisé actuel, eu égard à la corruption qui caractérise ce dernier. Cette nature socialisée comme la véritable origine de l'humanité, capable de rendre compte du devenir de celui-ci.

La description de l'humain « tel qu'il est », par opposition à l'homme qui a subi l'évolution corruptrice, se sert d'une double source d'inspiration. Le premier versant de celle-ci renvoie à des récits ethnographiques de voyageurs qui ont vu vivre les sauvages (les Caraïbes et les Hottentots). Même si ces sauvages sont déjà dénaturés, différenciés par la culture, et ne constituent plus l'homme naturel dans son intégrité, ils restent toutefois, pense Rousseau, si loin derrière nous, qu'en nous tournant vers eux nous regardons dans la direction de l'origine. Cet ancrage ethnographique sert de tremplin à l'imagination qui peut extrapoler hardiment à partir de son intuition primordiale.

Cette condition du sauvage se caractérisait par une simplicité de vie, une rusticité, une transparence dont Rousseau fait l'éloge déjà dans le premier discours :

« *Avant l'art eût façonné nos manières et appris à nos passions à parler un langage apprêté, nos mœurs étaient rustiques, mais naturelles, et la différence des procédés annonçait au premier d'œil, celle des caractères. La nature humaine au fond n'était pas meilleure ; mais les hommes trouvaient leur sécurité dans la facilité de se pénétrer réciproquement* »[18].

La médiation, le retour sur soi-même, est ce lieu de trouvaille de l'origine historique. Ce deuxième versant de la source d'inspiration ressemble, moyennant quelques différences, à la maïeutique socratique, mais à une maïeutique à la Rousseau. Ce dernier estime qu'une plongée vers le tréfonds du cœur révèle la quiddité inaltérable du genre humain. En cela le citoyen de Genève se prend pour modèle de l'humanité, seul archétype naturel au sein de la corruption civilisatrice :

« *D'où le peintre et l'apologiste de la nature aujourd'hui défigurée et si calomniée peut-il avoir tiré son modèle si ce n'est de son propre cœur ? Il l'a décrite comme il se sentait lui-même. Les préjugés dont il n'était pas subjugué, les passions factices dont il n'était pas la proie, n'offusquaient point à ses yeux comme à ceux des autres ces premiers traits si généralement oubliés ou méconnus. Ces traits si nouveaux pour nous et si vrais, une fois tracés trouvaient bien encore au fond des cœurs l'attestation de leur justesse, mais jamais ils ne s'y seraient remontés d'eux-mêmes si l'historien de la nature n'eût commencé par ôter la rouille qui les cachait. Une vie retirée et solitaire, un goût vif de rêverie et de contemplation, l'habitude de rentrer en soi, et d'y chercher dans le calme des passions ces premiers traits disparus chez la multitude pouvaient seuls les lui faire retrouver. En un mot, il fallait qu'un homme se fût peint lui-même pour nous montrer ainsi l'homme primitif...* »[19].

1.3.2. À LA RECHERCHE DE L'HOMME NATUREL

Pour connaître si l'inégalité est autorisée par la loi naturelle, il convient de définir au préalable, la loi naturelle, et partant la loi ainsi que la nature. La connaissance de la loi naturelle, à son tour, ne va pas sans connaissance de l'homme naturel. En ce qui concerne la loi naturelle, Rousseau se contente de quelques remarques :

« Mais tant que nous ne connaîtrons point l'homme naturel, c'est en vain que nous voudrons déterminer la loi qu'il a reçue ou celle qui convient le mieux à sa constitution. Tout ce que nous pouvons voir très clairement au sujet de cette loi, c'est que non seulement pour que soit la loi, il faut que la volonté de celui qu'elle oblige puisse s'y soumettre avec connaissance. Mais il faut encore qu'elle parle immédiatement par la voix de la nature »[20].

Réaction aux définitions aussi bien des jurisconsultes que des modernes[21], ces remarques rappellent le fondement anthologique de toute loi, y compris la loi naturelle. La nature de l'homme est avant tout la toile de fond du droit naturel, car l'idée du droit, spécialement du droit naturel, est manifestement une idée relative à la nature humaine ; c'est de celle-ci que découlent les principes juridiques.

Malgré quelques rares incursions dans la méthode introspective à la Descartes, l'anthropologie rousseauiste procède, à la manière d'Aristote, par comparaison. La définition se structure par le genre prochain et la différence spécifique. En raison de sa pluri-dimensionnalité, la personne sera saisie à travers trois niveaux : physique, métaphysique, moral.

1.3.2.1. L'HOMME PHYSIQUE

Si Rousseau désigne indifféremment « nature des hommes », « nature humaine », « constitution humaine », « état primitif », « état originel », « l'homme originel », pour désigner la même réalité, à savoir la compréhension de l'homme naturel, opposé à l'état présent, à la culture, à la civilisation, à la société civile ou politique, il introduit cependant une différence « usagère » en recourant à un nouveau concept : l'animal humain.

Du point de vue physique, celui-ci est un animal moins fort et moins agile que les autres animaux mais « *organisé le plus avantageusement de tous* »[22]. En langage aristotélicien, l'animalité constitue le genre prochain ; le davantage-organisationnel, la différence spécifique. N'ayant pas d'instincts propres comme les bêtes, l'animal humain peut, en vertu de sa nullité comme de sa liberté, se les approprier tous.

Plus robuste que l'homme actuel, n'ayant que son corps comme instrument polyvalent, l'animal humain ne connaît pas de crainte, bien qu'il sache se comparer aux autres animaux. Paresseux, oisif, solitaire (asocial), il mène une vie « animale », instinctive, stable, en harmonie avec le cosmos. Ses modiques besoins, limite de ses désirs, demeurent la nourriture, une femme et le repos ; ses craintes, la douleur et la faim. Il n'est pas sujet aux maladies, conséquences des dérèglements de la vie sociale.

Il convient de noter, en outre, que les rencontres avec l'autre sexe se faisaient alors de façon fortuite et la progéniture se séparait de la mère aussitôt qu'elle pouvait se passer de son assistance. Pourvoyeuse par excellence, la nature, quant à elle, comblait tous les besoins humains. Ni prévoyance ni curiosité ne tourmentaient cette vie réduite au quotidien.[23]

Cette saisie de l'homme naturel, par abstraction de tous les dons naturels reçus comme de toutes les facultés artificielles acquises par de longs progrès, indique la distance entre le naturel et le social. Le naturel découlerait-il de l'animal ? Voir en Rousseau un transformiste, qui soutient l'ascendance animale du genre humain, ne renverrait à une théorie évolutionniste qui ne repose sur aucun fondement textuel. L'humain est certes un animal, mais un animal sui generis, doté d'une dimension métaphysique par-delà la pure animalité. Voilà, il nous semble, l'interprétation la meilleure qu'admet le *Discours sur l'inégalité*.

1.3.2.2. L'HOMME MÉTAPHYSIQUE

Ce n'est pas la raison – que les animaux (les bêtes), d'après le citoyen de Genève, possèdent aussi à un certain degré – mais la liberté qui distingue l'homme de l'animal. À la différence de ce dernier qui a un comportement programmé et figé, la créature humaine, de par sa liberté, est capable de prendre distance par rapport à ses instincts pour s'autodéterminer. À ce sujet, la remarque rousseauiste semble aussi opportune que pertinente :

« L'un choisit et rejette par instinct, l'autre part un acte de liberté, ce qui fait que la bête ne peut s'écarter de la règle qui lui est prescrite, même quand il sera avantageux de le faire, et que l'homme s'en écarte souvent à son préjudice » [24].

Plus que la liberté, c'est la **perfectibilité**, cette faculté de se perfectionner, qui caractérise métaphysiquement l'homme. Cette faculté latente au changement est source à la fois du conflit intérieur et du progrès, lequel progrès allant du plus au moins. Origine des maux de la civilisation, cette perfectibilité fait passer, grâce à des circonstances extérieures, de la puissance à l'acte les facultés humaines telles que la raison.

Cette raison, actualisée progressivement grâce à la perfectibilité, ne se développe qu'avec les passions, sous l'effet d'un développement des besoins. Étant donné la stabilité et la modicité des besoins dans l'état de nature, comment comprendre dès lors le passage des sensations a la raison, de l'état de nature à la société ? L'insoluble problème de l'origine des langues, longuement discuté et déjà soulevé par Condillac, est une illustration de cette difficulté paradoxale ; elle conduit en effet à une circularité langagière et finalement à un cul-de-sac : l'invention du langage ne peut être comprise qu'en présupposant la société et la pensée, qui ne peuvent se comprendre que par le langage[25].

Dire que l'homme est un animal doué – naturellement – de raison et de langage, c'est commettre une illusion rétrospective, car la raison et le langage sont postérieurs à l'homme naturel. Ils sont de l'ordre du devenir et non de l'être. Il convient de dire, dans la perspective du second Discours et contrairement à l'abus de définition aristotélicienne, que l'homme est un animal devenu raisonnable, en vertu de sa perfectibilité actualisée par les circonstances extérieures.

Qui dit raisonnabilité dit, d'une manière ou d'une autre, explicitement ou implicitement, altérité, et partant moralité.

1.3.2.3. L'HOMME MORAL

Du point de vue relationnel, l'homme naturel n'est pas sociable. Nous avons déjà indiqué plus haut qu'il était solitaire, isolé, c'est-à-dire asocial quant aux rapports avec autrui. Dire que l'homme est **naturellement** « bon » signifie simplement que l'humain originaire est « innocent », c'est-à-dire non-conscient de la notion du bien et du mal. On voit bien que la bonté ne s'oppose pas ici à la méchanceté, ni à l'innocence de la culpabilité.

L'asocialité et l'amoralité de l'homme naturel, selon Rousseau, s'éloignent radicalement de la conception de certains philosophes qui présentent l'état de nature à l'instar de l'« erèbe » antique, ce chaos initial où règnent les guerres, la crainte, la misère, l'horreur, la barbarie, la férocité, etc. Une telle description à connotation fortement éthique échappe à l'anthropologie du *Discours sur l'inégalité*.

Si cet animal amoral vit, pour parler comme Nietzsche, par-delà le bien et le mal, deux tendances cependant commandent tout son agir : l'amour de soi ou la conservation de soi et la pitié ou la commisération. Si l'amour de soi pousse l'individu à se nourrir, à se protéger, bref à prendre soin de lui-même ; la pitié, quant à elle, compatit avec autrui, elle est cette répugnance à voir souffrir son semblable. De ces deux principes infra-moraux découleront une légion de vertus sociales : générosité, clémence, humanité, bienveillance, amitié.

Le principe de commisération tempère celui de la conservation de soi par la modération des passions et surtout des passions violentes. N'étant que physique, l'amour n'est encore factice, dominé par le souci funeste de paraître. On est encore loin, et bien loin, de l'amour propre, c'est-à-dire l'amour exagéré de soi-même au détriment des autres, qui ne se développera qu'avec la raison, donc avec la société, antithèse de la félicité originelle.

1.3.2.4. LA FÉLICITÉ DE L'HOMME NATUREL[26]

Etat de parfait bonheur, tel semble être le synonyme de l'état de nature ou l'homme, l'être libre, a le cœur en paix et le corps en pleine santé. Paresseuse, oisive, solitaire, proche du sommeil, la créature originelle est vite comblée : autant ses désirs ne dépassent jamais ses besoins, autant ceux-ci sont entièrement satisfaits par la « mère-nature ». Une pareille vie en rose exclut toute expérience de manque, voire toute conscience du superflu que connaît l'agitation sociale.

La misère et le malheur ne surgissent qu'avec l'émergence, par ailleurs contingente, de la vie civile ; laquelle est plus sujette à devenir insupportable à ceux qui en jouissent, malgré l'apparence qu'elle offre d'une réelle félicité. Sinon comment rendre compte du dégoût de la vie, manifeste par de fréquentes plaintes et même par des suicides ? Ethnologue-précurseur, Rousseau l'est ; sociologue, avant la lettre, il l'est davantage. En effet, il semble déjà taxer, avant Emile Durkheim, le suicide de fait social.

Loin des agitations sociales, menant une vie simple et rustique, s'autosuffisant et se contentant de peu, vivant en harmonie avec le cosmos et en paix avec soi, la créature originelle ne connaissait que deux ennemis : la faim et la douleur.

1.4. CONCLUSION

La recherche du fondement étant le propre de la philosophie, les théoriciens du contractualisme politique ont vu la nécessité de remonter jusqu'à la source, en vue de fonder en raison la société civile ou politique. Ainsi l'« avant-social » était-il posé par l'hypothèse de l' « état de nature ». Si cette construction mentale vise, dans l'ensemble, la justification de la société advenue par contrat, elle a cependant des contenus différents dans son articulation.

Lieu commun de la philosophie politique, cette hypothèse explicative de l'origine et par là du fondement de la société n'a pas la même fonction chez Rousseau et chez les théoriciens contractualistes du jusnaturalisme, de l'empirisme, du criticisme. Pour les juristes de l'école du droit naturel, spécialement Pufendorf, les hommes naturels sont égaux, libres, indépendants de toute autorité politique commune et doués de raison. Hobbes, quant à lui, assimile cet état originel à l'état de guerre de chacun contre tous où l'homme, loin d'être sociable et raisonnable, est fondamentalement avide, orgueilleux, en rivalité permanente avec les autres hommes. Locke, pour sa part, situe déjà le droit de propriété dans l'état de nature. Pour Kant enfin, si l'homme naturel est, de par la simplicité de sa vie, moins tenter de devenir vicieux, il n'échappe pourtant pas aux vices : hostilités, rivalités, malice, insatiabilité des appétits, disputes, recherche effrénée des richesses et du pouvoir. Bref, tous ces contractualistes présentent, en général, l'état de nature comme un état malheureux et inhumain qui appelle nécessairement la société juridique via le pacte social.

Rousseau s'inscrit en faux contre ces conceptions de l'état de nature. Sociabilité, raison, passions... sont des qualités advenues avec la société. Attribuer à l'homme ces qualités sociales, c'est verser dans l'« illusion rétrospective » qui transporte dans l'état de nature les idées prises dans la société. L'auteur du *Discours sur l'inégalité* récuse, en outre, les analyses de ses prédécesseurs qui présentent comme nécessaire le passage de l'état naturel à l'état social, car c'est là justement commettre une « erreur symétrique ».

Animal moins fort et moins agile que les autres animaux, mais organisé le plus avantageusement de tous ; n'ayant que son corps comme instrument polyvalent ; vivant dans une condition animale, instinctive et stable ; paresseux et isolé (asocial) ; dépouillé de toutes les qualités sociales, l'homme rousseauiste est perfectible, heureux et amoral. Rien n'indique, en tout cas, qu'il faille sortir de cette condition originelle autosuffisante, condition de félicité et d'équilibre, immuable et dépourvu d'histoire. Étant extérieur à celle-ci, l'état de nature anhistorique ne peut dès lors annoncer l'état de société.

Ni annonce ni explication de la formation de la société civile, l'état de nature chez Rousseau a, comme hypothèse de travail, la fonction d'« éclaircir la nature des choses ». Cette méthode conditionnelle fondée sur

« un concept éminemment fonctionnel à l'intérieur d'une vision du monde, permet de récuser la logique du progrès, de l'évolution de la production liée à la division du travail. Le concept de nature donne à l'avènement d'un monde nouveau le sens d'une négation de l'essence même de l'homme »[27].

N'oublions pas que le clou du Second Discours s'avère être une critique socio-politique et que l'anthropologie ne vise qu'à mettre en évidence la distance infranchissable entre les deux états.

La saisie de l'homme dans sa tridimensionnalité : physique, métaphysique, morale constitue une tentative de compréhension du développement factuel de la perfectibilité comme des autres qualités potentielles de l'humain. Une « histoire hypothétique » : l'état de nature, soumis alors à une histoire, met en lumière cette transformation aléatoire due à l'effet de causes extérieures.

CHAPITRE DEUXIÈME

PROBLÉMATISATION DE LA DIALECTIQUE CIVILISATRICE

2.1. INTRODUCTION

La thèse rousseauiste selon laquelle l'homme naît naturellement bon et que c'est la société qui le rend mauvais révèle que le « *pessimisme du Discours sur l'inégalité est contrebalancé par l'optimisme anthropologique* »[28]. Si la première partie (Cfr. État de nature chez Rousseau) a tenté de soutenir que l'homme naturel, ou mieux l'homme, de par son essence, est bon, c'est-à-dire que le mal (l'inégalité morale, civile ou socio-politique) n'est pas ontologique ; la deuxième partie, quant à elle, veut montrer que le mal est socio-anthropologique, lié à l'état de l'homme en société.

En effet, la dialectique civilisatrice, fonction d'un funeste hasard et responsable de la corruption de l'humanité, s'est mue de la constitution de l'être-ensemble (constitution de la famille) dominée par la raison technicienne à la société inégale légitimée (institution de la magistrature suivie de la transformation du pouvoir légitime en pouvoir arbitraire) dominée par la raison de domination, via la propriété juridique advenue par un contrat d'oppression et dominé par la raison de compétition. Ainsi l'état de guerre se trouve-t-il à l'entrée (à l'étape terminale de la société naissante) comme au sortir du pseudo contrat des riches, acte fondateur de la société. Déplacé, égaré et aliéné, tel sera le devenir humain au terme de sa chute.

2.2. LA SOCIÉTÉ NAISSANTE

À proprement parler, l'homme ne se trouve pas encore dans l'état social ; il est dans l'état de nature historique, étape intermédiaire entre l'état de nature et celui de la société. Il s'agit de la société commencée, c'est-à-dire une histoire fictive, faite de hasards et malchances ainsi que d'influences étrangères. Cette histoire jette un pont entre le point de départ (l'isolement primitif) et le point d'arrivée (la société constituée).

2.2.1. LES « COMMENCEMENTS »

Alors que l'homme naturel avait comme premier sentiment celui de son existence, comme premier souci celui de sa conservation et comme moyen de subsistance les seules productions naturelles, les premières difficultés viendront le sortir de sa vie instinctive. La hauteur des arbres, la concurrence et la férocité des animaux vont obliger le genre humain à s'appliquer aux exercices physiques et à utiliser des outils rudimentaires comme les branches d'arbres, les pierres. L'hostilité de l'environnement met ainsi en éveil la créativité.

Le concours fortuit de plusieurs causes étrangères vient comme une chiquenaude mettre en branle le dynamisme de la perfectibilité et ainsi développer ou actualiser les autres facultés, les vertus sociales qui demeuraient jusque-là en puissance. Sorti de l'immédiateté instinctive, l'être perfectible, de par la médiation de la raison, c'est-à-dire de par l'usage de la réflexion, se situera autrement face à la nature. C'est le déclenchement de la lutte pour la survie – à la Darwin – qui exigera qu'on soumette son environnement. La maîtrise de la nature à son tour favorisera certaines inventions techniques : hameçon, ligne, arc, flèche, feu.

Les « accidents » géologiques et climatiques : inondations, tremblements de terre, éruptions volcaniques, accéléreront le rapprochement des hommes. Cette hypothèse apparaît plus clairement dans l'origine des langues que dans le Discours sur l'inégalité. C'est l'époque des premiers travaux, des premières rencontres, des premières familles, des premières passions, des premières querelles dues à l'estime publique. Les associations d'hommes, résultat des accidents cosmologiques, poussent le solitaire originel à sortir de la vie cloitrée, si convenable à son indolence naturelle, pour s'imposer sans nécessité des travaux, l'esclavage et les misères inséparables de l'état social. La genèse de la civilisation s'avère le début de la descente aux enfers de l'humanité.

2.2.2. LA « SOCIÉTÉ COMMENCÉE »

Le caractère aléatoire de la civilisation s'explique par le fait que l'union sociale résulte de circonstances extérieures qui auraient pu ne pas se produire. Cette contingence n'est en réalité qu'une nécessite de facto. Il s'agit seulement de constater que les choses se sont ainsi produites :

« *Les associations des hommes sont en grande partie l'œuvre des accidents de la nature : les déluges particuliers, les mers extraversées, les éruptions des volcans, les grands tremblements de terre, les incendies allumées par la foudre et qui détruisent les forêts, tout ce qui dut effrayer et disperser les sauvages habitants d'un pays dut ensuite les rassembler pour réparer en commun les pertes communes* »[29].

Si chaque nouvelle situation hostile, il fallait sans doute adapter son instrument, créer une nouvelle industrie, l'option pour le travail obéissait aussi à un discernement. Tout dans l'agir humain est fonction du bien-être. Vu cette quête du bien-être, le travail en groupe, d'abord occasionnel puis régulier, se présente soit comme lieu de collaboration avec ses pairs soit comme lieu de défi, de commerce. Dans le second cas, deux attitudes s'imposent : user de la force ou se servir de l'adresse et de la subtilité. De ces rencontres décolle l'idée d'engagements communs. L'idée de prévoyance, qui est le propre du raisonneur, ne se développera que plus tard ; néanmoins les instruments de la chasse, de la pêche, etc. sont conservés et se perfectionneront au fil des temps.

Les premières familles proviennent de ces premières rencontres. À partir des premiers progrès presque insensibles des commencements, l'homme en fera de plus rapides. « *Plus l'esprit s'éclaircit,* di Rousseau, *plus l'industrie se perfectionnera* »[30]. L'hostilité du cosmos entraîne l'éclosion d'une nouvelle technologie, d'abord rudimentaire et qui connaîtra ensuite un essor prodigieux grâce à l'éveil de la raison, mais surtout en raison de la perfectibilité.

De l'arbre comme logis à la construction de huttes de branchages enduites d'argile et de boue ; de cette construction à l'établissement et à la distinction des familles ; telle fut la première révolution qui introduisit une sorte de propriété. Les premiers développements du cœur, les plus doux sentiments humains découleront de ce vivre-ensemble. Cette nouveauté constitue déjà une microsociété ou les fonctions sont diversifiées selon les sexes : alors que l'homme devient ce nomade en quête de la subsistance commune, la femme se sédentarise par la garde de la cabane et des enfants. Cette distinction des rôles préfigure déjà la division du travail, conséquences de l'avènement de la propriété privée proprement dite. Tout changement de vie comportant des avantages et des inconvénients, la nouvelle façon de se situer dans le monde n'ira pas sans causer la perte de la férocité et de la vigueur originelles. Devenue un peu plus molle, la vie humaine individuelle nécessitera la force collective pour affronter les bêtes sauvages.

La société naissante, proche des collectivités animales et différente de la société civile comme telle, ne représente simplement qu'un ensemble de familles au sein duquel on constate des rapports plus ou moins réglés et au besoin des services réciproques. Ces derniers constituent le lieu de rapprochement de différentes familles au départ isolées les unes des autres et sans communication, ainsi que le lieu effectif d'émergence d'une macro-société, vrai berceau des peuples. Illustration de cette civilisation progressive, les fontaines constituent le lieu de rendez-vous des deux sexes, lieu des premières fêtes, lieu des premiers feux d'amour, lieu d'épanouissement de la langue.

La proximité, source de familiarité, finit par stabiliser les mœurs et les caractères. Ce qui caractérise cette société commencée, ce ne sont donc pas les lois ni les règles, mais plutôt le même genre de vie d'aliments ainsi que l'influence commune du climat. L'homme, en vertu de l'intersubjectivité et à travers l'expérience de ses besoins, commence à percevoir les rapports entre les choses : grand, petit, fort, faible, lent, paresseux ou hardi. De cette comparaison naîtra le premier mouvement de l'orgueil humain. En effet, le genre humain se considère désormais supérieur aux autres. Il devient dans une certaine mesure le seul maître de la planète, puisque capable de piéger et de dompter tous les animaux, même les plus féroces.

De l'orgueil à l'inégalité, il n'y a qu'un pas. La comparaison, au-delà du terrain homme-animal, rejoindra les relations interhumaines :

« *Chacun commença à regarder les autres et à vouloir être regardé soi-même, et l'estime publique eut un prix. Celui qui chantait ou dansait le mieux, le plus beau, le plus fort, le plus adroit ou le plus éloquent devient le plus considéré, et ce fut le premier pas vers l'inégalité et vers le vice en même temps : de ces premières préférences naquirent d'un côté la vanité et le mépris, de l'autre la honte et l'envie, et la fermentation causée par ces nouveaux levains produisit enfin des composés funestes au bonheur et à l'innocence* »[31].

De fil en aiguille, on en vint aux premières querelles qui furent le fait des hommes vengeurs, terribles et sanguinaires. C'est donc au terme de la société naissante, et non dans l'état de nature proprement dit, que surgit l'état de guerre rousseauiste. Toutefois – tel nous semble être le paradoxe –, moyen terme entre les deux états, cet état de nature socialisé n'en demeure pas moins la véritable jeunesse du monde, l'époque la plus heureuse et la plus durable, sujette à moins de révolutions et tenant un juste milieu entre l'indolence de l'état primitif et la pétulante activité de l'état social. L'homme n'a pas dû en sortir que par quelque funeste hasard, avec comme corollaire la disparition de l'égalité, l'intrusion de la propriété et de la nécessité du travail, l'irruption de l'inégalité, de l'esclavage et de la misère.

2.3. MALAISE DANS LA CIVILISATION

« *Malaise dans la civilisation* »[32]. Tel est le constat amer que l'auteur du Second Discours fait de la décrépitude de l'humanité par la société. Cette deuxième partie se veut l'écho de ce constat macabre. En effet, le devenir historico-social est problématisé, puisque responsable de la corruption de l'humanité. De l'inégalité naturelle à l'inégalité morale ou politique, de l'amour de soi à l'amour propre, de la transparence à l'opacité, de la liberté à l'esclavage, du bonheur à la misère, de la paix à la guerre, telles s'avèrent être, in concerto, les conséquences du vivre-ensemble.

Alors que l'état de nature impliquait une stabilité indéfinie au sein de l'environnement vital, l'ensemble des funestes hasards vient bousculer l'« écosystème » humain. Il s'ensuit un progrès ambivalent : la perfection de l'individu dans l'exercice de ses facultés contraste avec la décrépitude de l'espèce. Si progrès il y a, il n'est nullement question d'un progrès holistique et abyssal, moins encore dans l'histoire du genre humain. Essayons à présent de saisir comment la civilisation se lance dans une entreprise de dénaturation, négatrice de l'essence humaine et génératrice de l'inégalité comme de la stratification sociale.

2.3.1. INÉGALITÉ NATURELLE OU INÉGALITÉ SOCIALE ?

Contemporaine de l'humanité, l'inégalité constitue cette compagne quotidienne de l'humain. Celui-ci, dès son origine, porte la marque de l'inégalité. Nier cette dernière, c'est l'affirmer autrement. La « soi-mêmeté », l'unicité, la spécificité, la particularité de chacun – qui s'offre aisément à notre observation la plus banale – s'inscrit en faux contre tout égalitarisme, tout « identitarisme », si naturel soit-il.

Si la vie est traversée de part en part par l'inégalité, la question se pose au niveau de la prise de conscience ainsi que de la gestion de cette non-égalité inhérente à la créature. Il importe dès lors d'étager les différents niveaux du vécu inégalitaire, en vue d'éviter tout galimatias sans l'approche critique de l'évolution sociale.

La perspective rousseauiste quant à elle distingue, d'entrée de jeu, ces différents niveaux :

« Je conçois de l'espèce humaine deux sortes d'inégalité ; l'une que j'appelle naturelle ou physique, parce qu'elle est établie par la nature, et qui consiste sans la différence des âges, de la santé, des forces du corps, et des qualités de l'Esprit, ou de l'Âme ; l'autre qu'on peut appeler inégalité morale, ou politique, parce qu'elle dépend d'une sorte de consentement des hommes. Celle-ci consiste dans les différents privilèges, dont quelques-uns jouissent, au préjudice des autres, comme d'être plus riches, plus honorés, plus puissants qu'eux, ou même de s'en faire obéir » [33].

Cela montre que la différence d'homme à homme demeure anodine dans le premier état solitaire où ni interrelation ni communication n'avaient droit de cité. Le « chacun-pour-soi » originel laissait l'homme indifférent devant les différences, certes réelles mais non-conscientes. Ce qui compte pour le sauvage, c'est de conserver coûte que coûte sa vie et celles de son espèce, même au prix de la violence.

Ce qui rend l'inégalité plus sensible, et partant grave, c'est sa moralisation. La prise de conscience de différences physiques ou spirituelles est l'œuvre du vivre-ensemble. C'est donc au sein de la société, quoiqu'encore naissante, qu'émergent la raison calculatrice, la comparaison du plus et du moins, le jugement de valeur dû à l'estime publique, bref des considérations éthiques.

C'est justement à ce niveau éthique, de relation à autrui que notre critique socio-politique s'ancre, dans la mesure où l'éclosion de notions telles que celles de propriété, de domination, d'esclavage, n'est possible qu'avec l'apparition de l'inégalité sociale.

2.3.2. LES TROIS ÂGES DE L'INÉGALITÉ SOCIALE

Au sein de la société, le règne de l'inégalité s'est effectué à travers diverses étapes. Commencée par la constitution de la communauté humaine, l'inégalité civile ou morale a abouti au culte du valoir et du pouvoir en passant par le règne de la propriété. L'éclosion du capitalisme due au développement de l'industrie annonçait déjà au XVIIIo siècle l'exploitation de l'homme par l'homme.

2.3.2.1. QUELQUES SITUATIONS HISTORIQUES

Il sied de noter au préalable deux réalités qui, pensons-nous, ont à coup sûr influencé le Citoyen Genevois dans sa saisie de l'origine et des progrès de l'inégalité parmi les hommes. Les historiens en effet nous enseignent que le 18ième siècle reste, en Occident, une époque marquée par des stratifications sociales.

La ville de Genève, sphère existentielle de l'auteur du Second Discours, connaît sans nul doute une société à classes. Indépendante depuis le 16ième siècle de ses suzerains féodaux, les ducs de Savoie ; acquise à la Réforme ; réorganisée sous l'autorité de Calvin ; Genève constituait une République à quatre classes :

« *les* **citoyens**, *fils de citoyens ou de bourgeois, nés à Genève ; les bourgeois, fils de citoyens ou de bourgeois, mais nés à l'étranger, ou étrangers reçus bourgeois (nous dirions naturalisés) ; les* **natifs**, *nés dans la ville des parents qui n'étaient ni citoyens ni bourgeois ; les* **habitants**, *étrangers domiciliés à Genève* » [34].

Ce système des castes légitimait déjà les inégalités dans la mesure où seuls les citoyens et les bourgeois constituaient le corps politique et avaient des droits politiques en même temps qu'ils jouissaient des privilèges économiques. Dès le 18ième siècle, une aristocratie appelée Petit Conseil gouvernait la République.

Un second fait qui semblait influencer la « Weltanschauung » rousseauiste s'avère être la mise en place progressive de l'appareil capitaliste grâce à l'industrialisation de plus en plus florissante. Le démarrage d'un processus de transformation profonde de la société est dû certainement à cette mise en place des cadres de l'économie capitaliste et industrielle qui eut comme corollaire : la hausse constante des prix de subsistance, le drainage de la richesse vers la minorité dominante et privilégiée, le drainage de la rente foncière vers les villes et la consommation de luxe, l'exploitation du monde rural par la société urbaine, l'accroissement de la production industrielle, la floraison à outrance du commerce extérieur, l'appel à l'innovation technique et à la concentration grâce au développement d'une grande industrie capitaliste. Bref, la croissance économico-industrielle n'a pas réparti ses fruits également : tout concourt au profit des propriétaires (fonciers) et au détriment des pauvres paysans. Génératrice de l'inégalité, la propriété s'affirme conquérante dans le domaine agro-industriel. La vision décadentiste de l'histoire – telle qu'elle est exprimée dans le Second Discours – découpée en deux moments séparés (nature puis société) par une grande révolution technique ne serait-elle pas influencée par le grand tournant tant agricole, qu'industriel et économique autour de 1730 ?

2.3.2.2. LA RAISON TECHNICIENNE ET LA FAMILLE : LE PREMIER ÂGE

C'est l'époque d'éclosion d'une première forme intermittente de socialité, semblable à celle d'un troupeau. Celui-ci va se constituer à cause d'obstacles naturels aléatoires. « Exister, c'est résister », telle est la logique de la lutte pour la survie qui rapproche les hommes, jadis isolés, par l'éveil d'une raison présociale de type pratico-technique (connaissance de la pêche, de la chasse...). Passées à l'acte, de par la perfectibilité et à cause des évènements extérieurs, des virtualités rationnelles ainsi que des potentialités sociales font naître dans l'esprit de l'homme la perception de certains rapports mais aussi la connaissance d'autrui.

D'une lecture attentive du *Discours sur l'inégalité*, il ressort que le premier stade social est une conséquence de la raison technicienne. Gérard NAMER a bien synthétisé le schéma évolutif de cette première révolution :

« L'ordre semble le suivant : la raison technicienne permet l'invention de la cabane qui crée les conditions d'une première forme de société naturelle, la famille, d'une première relation de propriété et d'une première division du travail, la division du travail sexuel. » [35]

Notons ici l'idée de propriété privée. L'irruption de celle-ci est déjà la genèse d'une descente progressive aux enfers. Quoiqu'encore de facto, cette prise de conscience d'un chez-soi, d'un mien porte déjà les germes d'un déchaînement destructeur. De progrès en progrès, la civilisation, au départ technicienne, va certes ennoblir la raison humaine tout en détériorant l'espèce. Voilà le paradoxe du progrès décroissant de l'œuvre civilisatrice. Celle-ci place l'humanité au sommet d'une pente glissante qui ne peut pas ne pas l'entraîner dans l'abîme.

Ce premier âge de l'inégalité est en réalité l'étape sociale de l'aliénation de la liberté. La civilisation commerçante inaugure les engagements et la dépendance entre les hommes, la différence entre l'homme et la femme par la « ségrégation » des qualités propres à chaque sexe. Ainsi se déclenche le processus de limitation et de conditionnement de la liberté, comme de sortie de l'indépendance et de l'isolement naturels. Cette genèse de la civilisation, négatrice de l'essence de l'espèce humaine, n'en constitue pas moins le début de la scission entre l'être et le paraître.

Résultante de la considération et de l'estime, le désir de paraître engendre les premières querelles :

« Sitôt que les hommes eurent commencé à s'apprécier mutuellement et que l'idée de la considération fut formée dans leur esprit, chacun

prétendit y avoir droit ; et il ne fut plus possible d'en manquer impunément pour personne. De là sortirent les premiers devoirs de la civilité, même parmi les sauvages, et de là tout tort volontaire devient un outrage, parce qu'avec le mal qui résultait de l'injure, l'offensé y voyait le mépris de la personne souvent plus insupportable que le mal même. C'est ainsi que chacun unissait le mépris qu'on lui avait témoigné d'une manière proportionnée au cas qu'il faisait de lui-même, les vengeances devinrent terribles, et les hommes sanguinaires et cruels »[36].

La société est mal partie. Les structures qu'elle met en place nient, dès le départ, la liberté, dimension essentielle de l'homme. La raison technicienne, qui appelle le vivre-ensemble, moralise par le fait même la réalité existentielle. De la lutte amoureuse de l'homme et de la femme au sein de la cabane, on aboutit à la lutte des consciences à l'échelle sociétaire. Cette dernière privilégie de plus en plus le paraître au détriment de l'être. Ce paraître aux multiples visages aboutit à l'affirmation de soi à outrance, fruit du désir du désir. Sourde à la voix naturelle qui parle au moi profond, la vie communautaire s'extériorise davantage, elle se meut désormais au gré des opinions.

Voilà l'aliénation civilisatrice qui rend l'humanité étrangère à soi par la négation de sa quiddité. Le bonheur, ou mieux, le paradis originel semble élire domicile ailleurs. L'avenir s'annonce désastreux. La quête rationnelle de solutions pratico-techniques aux obstacles cosmiques pose un problème existentiel plus complexe : celui du devenir de l'essence humaine. Que devient finalement le genre humain dans le moule social, à l'intérieur des progrès historiques ?

Remarquons qu'il ne s'agit pas encore de la société proprement dite, telle qu'elle est définie dans le Second Discours. Ce premier âge demeure encore une société en douleurs d'enfantement, en mal d'éclosion. Quoiqu'inaugurant la sociabilité et la moralité, cette étape originelle précède le processus de stratification sociale comme telle, et peut être considéré comme l'état du « communisme primitif préhistorique ». Autrement dit, la dynamique de civilisation de la société, comme signe avant-coureur, précède sa constitution. On ne peut donc parler de la société comme telle qu'avec l'affirmation consciente (juridique) de la propriété privée.

2.3.2.3. LA RAISON DE COMPÉTITION ET LA PROPRIÉTÉ : LE SECOND AGE

Le premier âge fut l'époque d'une « première révolution ». Initiée par la raison technicienne, cette révolution constitue la genèse puis l'accélération incessante de progrès d'abord rudimentaires. Avec la construction d'abris accompagnée de l'établissement comme de la distinction des familles, l'errance prend fin, les liens entre les hommes se resserrent, l'amour apparaît, le langage se développe. De l'avis de Rousseau, la constitution de ces sociétés sauvages est la « véritable jeunesse du monde », l'époque la plus heureuse qui aurait dû être la plus durable. Si cette époque soi-disant de félicité est problématisée, c'est simplement parce que ses premières fêtes annonçaient déjà les premiers développements de la vanité et de la comparaison, et partant du paraître et de la propriété, source de l'inégalité morale.

De l'action de la raison technicienne, on aboutit, de fil en aiguille, à un deuxième stade de socialisation, l'âge de la métallurgie et de l'agriculture, caractérisé par la raison de compétition. Par la « grande révolution », agro-métallurgique, la civilisation atteint l'étape économique de l'aliénation. Due, à en croire l'auteur du *Discours sur l'inégalité*, à un funeste hasard, cette grande révolution est à l'origine de la division du travail, de l'économie d'échange ainsi que de la propriété en tant que privée. De cette façon, commence la longue et continuelle dialectique de l'aliénation de l'être pour et par l'avoir.

La logique d'interdépendance force dès lors le forgeron et l'agriculteur à échanger les produits de leur labeur : le fer contre le blé et vice versa. Adieu l'autonomie originelle. « Le laboureur avait plus besoin de fer, ou le forgeron plus besoin de blé, et en travaillant également, l'un gagnait beaucoup tandis que l'autre avait peine à vivre »[37]. Cette coopération pourtant reste utilitariste, chacun tâche de tirer le drap de son côté. Étant donné les différences talentueuses, et l'ambiance mercantile qui président aux relations interhumaines, on aboutit logiquement à des inégalités. De naturelles et insensibles qu'elles étaient, celles-ci deviennent morales, socio-politiques et déterminantes au sein de la vie communautaire. La division du travail, conséquence du développement du travail de la terre et du fer, contraste avec l'inégalité.

On assiste à une capitalisation de l'être-ensemble, avec son agressivité compétitive : le plus fort, le plus adroit, le plus ingénieux, voilà les nouveaux maîtres. À y voir de près, la raison de compétition, qui met l'intérêt au centre de tout, est plus l'effet que la cause de la société d'inégalité. Aiguillonnée par l'amour propre, cette forme rationnelle n'est qu'une communication supportée par le langage social et un instrument au service des besoins sociaux sans cesse naissants. La vraie cause de la société d'inégalité s'avère être l'apparition de la propriété :

« *Le premier qui ayant enclos un terrain, s'avisa de dire, ceci est à moi, et trouva des gens assez simples pour le croire, fut le vrai fondateur de la société civile. Que de crimes, de guerres, de meurtres, que de misères et d'horreurs, eût épargnés au genre humain celui qui arrachant le pieux ou comblant le fossé, eût crié à ses semblables. Gardez-vous d'écouter cet imposteur ; vous êtes perdus, si vous oubliez que les fruits sont à tous, et que la Terre est à personne* »[38].

Pré-marxiste, la critique rousseauiste fustige l'aliénation de l'être par ou pour l'avoir. L'homme veut avoir plus, non pour être plus, mais pour valoir plus aux yeux des autres. Le travail, loin d'ennoblir l'homme, devient le lieu de la domination, voire de la négation de l'essence humaine à travers l'oppression d'autrui. Les uns s'approprient le superflu en vivant dans des commodités sans mesure tandis que les autres manquent du nécessaire en croupissant dans la misère la plus noire. Une minorité riche de propriétés foncières opprime sans vergogne la majorité pauvre des paysans. La lutte pour la vie, ou mieux pour la survie, met aux prises l'usurpation des riches et le pillage des pauvres. Une telle propriété arbitraire ne peut pas ne pas verser dans un mercantilisme outré, qui finalement stratifie la société et conduit à l'état de guerre.

Il sied derechef de remarquer, en passant, que l'état de guerre rousseauiste, à la différence de ce qui se passe chez les autres théoriciens contractualistes (notamment Hobbes), advient au terme de la société commencée et non au sein de l'état de nature. Et la dialectique civilisatrice va de la propriété à l'inégalité morale ou civile, de cette inégalité à un pacte factice, œuvre des riches, grands perdants du jeu.

Le cycle de violence, qui va de l'oppression à la rapine, se montre impuissant en face du mal toujours croissant. Devant le manque de justification de sa propriété[39] et vu qu'il était seul contre tous (absence de force), le riche fait appel à la subtilité contractuelle en vue de créer le droit par le fait. Il montre par des raisons spécieuses le bien fondé d'un tel pacte[40] pour parer à une guerre perpétuelle, cause d'insécurité autant pour les riches que pour les pauvres.

2.3.2.4. LA RAISON DE DOMINATION ET LA SOCIÉTÉ INÉGALE LÉGITIMÉE : LE TROISIÈME ÂGE

Les usurpations des riches ainsi que les brigandages des pauvres vont entraîner « le plus horrible état de guerre », et c'est cette guerre de tous contre tous, comme chez Hobbes, qui rendra « nécessaire » l'établissement de la société et des lois. À l'origine de ce pacte d'association et d'entraide se trouve la raison de domination qui pousse les riches à garantir leurs usurpations, à institutionnaliser l'inégalité et à assurer ainsi la pérennité de leur domination. Que stipule ce pseudo contrat ?

Somme toute, ce contrat « prône », face à l'oppression et à l'ambition, l'union de tous, la légitimation de la propriété privée ainsi que l'institution de la justice et de la paix, en vue d'assurer l'égalité, l'équilibre et l'harmonie au sein de la société. Oh grossiers et stupides pauvres qui – « *tous coururent au-devant de leurs fers croyant assurer leur liberté* »[41] –, et qui par manque de lucidité, n'aperçurent que les infimes avantages de cette soi-disant salutaire convention sans tenir compte des multiples inconvénients. Désormais seuls maîtres du terrain, les riches règneront en dominateurs légitimes. La société est bel et bien mal partie.

Dire est une chose ; faire en est une autre. Les espoirs d'un vivre-ensemble meilleur qu'a suscités cet acte fondateur de la société politique se sont très vite estompés et contredits dans la pratique. En effet, la légitimation de la société d'inégalité politique, se posant en opposant une fin de non-recevoir farouche aux aspirations humaines fondamentales, eut in concreto les conséquences suivantes : nouvelles entraves aux faibles et nouvelles forces aux riches, destruction sans retour de la liberté naturelle, fixation définitive de la loi de propriété et de l'inégalité, transformation d'une adroite usurpation en un droit irrévocable, assujettissement de tout le genre humain au travail, à la servitude et à la misère au profit des quelques ambitieux. Voilà le cadeau empoisonné de la perversion civilisatrice.

Le droit civil remplace d'une certaine manière la loi naturelle. Toutefois le conflit est loin d'être résolu et le mal va croissant. On assiste à un double phénomène de multiplication et d'atomisation, lequel entraînera des guerres nationales, des batailles, des meurtres, des représailles, etc. Ces effets néfastes résultent à coup sûr de la division du genre humain en différentes sociétés.

Dernier stade de l'œuvre civilisatrice, ce troisième âge distingue les trois étapes de l'aliénation politique (institution de la loi et du droit de propriété, institution de la magistrature et changement du pouvoir légitime en pouvoir arbitraire) auxquelles correspondent trois degrés de l'inégalité, de la stratification sociale : riche et pauvre, puissant et faible, maître et esclave.

Si la guerre interindividuelle et la lutte des classes ont appelé de tous leurs vœux le pacte d'association, de celui-ci, en vertu de sa mystification, découlera le pacte de gouvernement. Comment ce gouvernement naissant a-t-il évolué ? Quant à l'histoire du gouvernement, Rousseau en fait une présentation lapidaire. Inconsistante et irrégulière fut la forme du gouvernement naissant, en dépit de tous les travaux de réforme des plus sages législateurs. L'ouvrage quasi aléatoire et mal commencé qu'est l'État demeura toujours imparfait. Les remèdes suggérés ne purent venir à bout des vices incurables d'une constitution « pipée » d'avance. Les tentatives réformistes restèrent un travail de surface, faute d'un nettoyage systématique capable d'écarter les vieux matériaux. Cette besogne de raccommodement ne porta guère de fruits satisfaisants. Étant donné que la faiblesse de la constitution favorisait l'élucidation de la sanction publique des fautes, et des infractions, on confia non sans danger l'autorité publique aux particuliers et on assigna aux Magistrats le rôle de faire observer les délibérations publiques. Le conflit fut-il résolu avec l'installation de la Magistrature ? La suite du *Discours sur l'Inégalité* semble répondre par la négative.

L'obligation des magistrats (membres du gouvernement, gouverneur ou roi) à l'exercice légitime du pouvoir reçu, en vue de garantir la propriété comme préférer l'utilité publique à leur intérêt propre, n'a pas toujours été respectée. Les magistratures originelles furent électives, fondées sur la préférence, l'âge et le sang-froid. Des élections à la quasi anarchie des temps antérieurs, via les brigues, les factions, les partis aigris, les guerres, le sacrifice du sang des citoyens pour le prétendu bonheur de l'État ; de la magistrature au pouvoir arbitraire, tel fut le dernier terme de l'inégalité civile.

De par le principe d'abdication[42], les circonstances conflictuelles favorisèrent l'avènement des chefs héréditaires, de droit divin et auto-dotés d'un pouvoir à caractère sacré et inviolable. Ces chefs se regardaient comme propriétaires et non plus comme simples officiers – de l'État, ils s'appelaient égaux des Dieux et Rois des Rois, ils regardaient leur magistrature comme un bien de famille, ils appelaient leurs citoyens leurs esclaves, les comptant comme du bétail. En somme, on assiste à une privatisation tyrannique du pouvoir ou le mal atteint son paroxysme.

La civilisation plonge derechef l'humanité dans le pire fléau de la jungle où « *le vain nom de la justice ne sert partout que de sauvegarde à la violence et les lois ne sont que les chimères plus faibles que la loi de la nature.* »[43]. L'état social est donc, dans la perspective rousseauiste, la véritable origine des calamités publiques, de la guerre. Cette chute de l'homme que le *Discours sur l'inégalité* décrit se présente à la fois comme un déplacement, une errance et une aliénation de l'espèce humaine.

2.3.3. L'INSOCIABLE SOCIABILITÉ : CARACTÉRISTIQUES DE LA CHUTE

Opposé à la pensée dialectique, nous pensons avec Roger Payot, que la pensée rousseauiste est une pensée tragique, étant donné son affrontement irréconciliable, son aporie irréductible, sa contradiction indépassable. Le paradoxe de l'insociable sociabilité indique justement l'absence de conciliation ou de compromis possible entre la nature et la société (la dénature), entre l'homme primitif (saisi dans sa primitivité originelle) et l'homme civilisé. La naissance de la temporalité, du devenir ou de l'histoire, et partant de la société, est essentiellement destructrice, négatrice de l'essence humaine. Loin d'être une dimension constitutive du genre humain, le devenir (la temporalité ou l'historicité) rend inévitable la chute, dans la mesure où tout dynamisme s'avère être, selon Rousseau, impureté, tout mouvement dégradation, toute distance déperdition. Dans ce divorce de la nature d'avec la société, la voie du retour à la source, comprise comme dégénérescence possible, est définitivement barrée. L'homme a donc perdu à jamais son paradis originel. A ce sujet, Roger Payot a raison de dire :

« Tout va vraiment changer, à partir de la constitution de la société, dans un double vertige à la fois extérieur et interne. La temporalité va naître réellement, et le tourbillon dans lequel elle entraîne l'humanité creusera aussi son sillon dans le cœur de l'individu. Avec la temporalité surviendra l'histoire, qui n'est qu'un autre nom du temps comme facteur catastrophique. L'histoire est dégradation et impureté, c'est-à-dire temporalité malheureuse »[44].

La conséquence de la temporalité et de l'historicité s'avère être cette triple altération profonde de l'espèce humaine : l'homme est déplacé, égaré et aliéné.

La chute d'abord comme déplacement peut se comprendre comme ce devenir de l'homme de nature en l'homme de l'homme ou l'homme tel qu'il se fait. Ce déplacement consiste en la marginalisation ou en la mise de côté de l'essence humaine, laquelle n'accompagne plus l'homme, ne lui sert plus de point de repère, ni de critère.

Ce terme de l'épreuve constitue l'époque des rapports de force et d'intérêt, des médiations et des masques, des faux-semblants et des apparences, du paraître et du mensonge, de l'extériorité et de la superficialité, de l'opacité et de l'obstacle. Non seulement les écrans sociaux s'interposent et dissimulent la réalité, mais aussi toutes les qualités originelles : la transparence, la vérité, l'authenticité, l'intériorité, le lien direct de conscience à conscience, la communion avec soi et avec autrui, se trouvent broyées dans les rouages de l'artificielle machine sociale, avec ses conventions et ses rites. Voilà la première caractéristique de l'insociable sociabilité.

La chute comme errance ensuite met en exergue la profondeur et la portée de la dénaturation en comparant l'agitation frénétique et vaine du civilisé avec le calme et la sérénité du « sauvage » :

« le citoyen toujours actif, sue, s'agite, se tourmente sans cesse pour chercher des occupations encore plus laborieuses : il travaille jusqu'à la

mort, il y court même pour se mettre en état de vivre, ou renonce à la vie pour acquérir l'immortalité, il fait sa cour aux grands qu'il hait et aux riches qu'il méprise, il n'épargne rien pour obtenir l'honneur de les servir, il se vante orgueilleusement de sa bassesse et de leur protection, et fier de son esclavage, il parle avec dédain de ceux qui n'ont pas l'honneur de le partager» [45].

La société est saisie comme un labyrinthe, sans point fixe, ni aucune référence stable, où tout devient fluctuant, multiple, entrecroisé. Dans cette arène sociale, la réalité se transforme en un décor de théâtre où la conscience de l'égalité est absente et où l'homme est dévoyé, c'est-à-dire mis hors de sa voie, de la droite direction, dans l'errance totale. Cet égaré ne ressemble plus à un homme, mais plutôt à un monstre biscornu, aux réactions imprévisibles, au comportement aussi étonnant que terrifiant. Autant le civilisé prend ce malheur pour un bonheur, autant il n'accepte pas de prendre conscience et de reconnaître cette errance. Telle est la seconde caractéristique de l'entreprise civilisatrice qui ouvre l'humanité à l'aliénation.

De nos recherches, fort limitées du reste, il ressort que les différents sens du mot « aliénation » – qui a fait fortune dans la philosophie occidentale depuis Hegel et Marx – se trouvent déjà cristallisés dans le rousseauisme. En effet, Rousseau en aligne toute une pléthore d'acceptions :

« Séparation d'un élément à l'égard du tout dont il faisait partie et construction d'une unité indépendante ; perte d'un droit ou d'un devoir dont on devrait être suivie ; aboutissement de cette déviation ; altération d'une substance sous le coup du malheur ou de la maladie ; altération d'une substance sous le coup d'un vice ou d'une habitude ; altération de la raison et folie temporaire provoquée par un accès de passion ; gaspillage, perte, et disparition des temps ; dégénérescence à partir d'une nature première ; acte par lequel quelqu'un se détourne d'un autre, auquel jusque-là il était attaché ; acte par lequel on détourne quelqu'un d'une autre personne ; en particulier l'expression : 'aliénation du cœur' désigne

une modification des sentiments éprouvés à l'égard d'un ancien ami ; indisposer quelqu'un, le contrarier, l'éloigner, engager quelqu'un par traction commerciale ; perte par émigration ou location des mercenaires ; don, cette fois positif, de l'amour ; formule positive elle aussi, du contrat » [46].

La chute comme aliénation renvoie, de cette kyrielle d'acceptions, a trois groupes de significations fondamentales : la notion d'altération d'une substance ; la modification d'un comportement ; la notion de perte ou de don d'une propriété. L'important, dans la perspective du *Discours sur l'inégalité*, est de comprendre que l'aliénation, qui transforme l'homme en chose, vient du dehors. Ainsi les vices imputés au naturel ne sont-ils que l'effet des mauvaises formes qu'il a reçues à travers la socialisation.

2.4. CONCLUSION

Ce qui précède nous indique que la problématisation de la dialectique civilisatrice n'est pas une simple supposition, mais l'aboutissement d'une enquête guidée selon les règles strictes d'un débat philosophique ou scientifique, en l'occurrence la méthode expérimentale en plein épanouissement dans les sciences de la nature vers 1750. Le souci certain des faits et de l'observation qui transparaît dans l'analyse sociale rousseauiste à travers sa critique de la société témoigne de l'œuvre d'un sociologue. C'est que, pour Rousseau, l'homme en société pose un problème et donne à penser.

Le malaise de la civilisation pousse l'auteur du Second Discours à saisir, par une analyse sans complaisance, le mal qui ronge l'humanité. Les structures sociales oppressives mises en place ne constituent qu'un symptôme d'une réalité beaucoup plus profonde. La plongée dans l'« abyssalité » de cette réalité qui pose problème passe forcément – pour autant que cela soit possible – par la saisie aussi bien de sa genèse que de son évolution.

Si, dans la perspective du *Discours sur l'inégalité*, l'origine du mal social est l'inégalité « artificielle » (par opposition à l'inégalité naturelle), quelle serait la source de cette inégalité ? Ce deuxième chapitre a montré à suffisance que l'inégalité s'enracine dans la propriété, racine de tous les maux. Développé par le paraître, négateur de l'être, qui stratifie la société à travers une grande disparité entre les nantis et les misérables à l'excès, entre les privilégiés et les opprimés, l'aliénation inégalitaire, de socio-économique qu'elle était, deviendra politique. Le genre humain devient ce damné de la terre.

Rigoureusement, c'est au moment où les hommes établiront les communautés politiques et se donneront un gouvernement que prendra fin l'état de nature, l'époque de la félicité totale. En d'autres termes, le mal ne réside pas dans la nature humaine, mais dans les structures sociales. De l'homme à l'homme-de-l'homme, de l'amorale à la morale, de la perfectibilité au perfectionnement, tel est le changement dialectique opéré par les grandes révolutions sociales. Celles-ci ne constituent qu'un progrès apparent, ou mieux unidimensionnel. Le seul développement évident des facultés rationnelles de l'homme au contact des circonstances aléatoires n'en conduit malheureusement pas moins l'espèce humaine à son déclin. De cette chute multisectorielle – sociale, économique, politique – sort un homme déplacé, égaré, aliéné, bref une humanité déshumanisée (puisque socialisée). Le pire de l'entreprise civilisatrice s'avère être finalement l'aliénation de l'être pour le paraître, l'avoir et le pouvoir.

Le progrès est certes ambigu, mais le retour à l'état de nature est impossible pour les sociétés qui s'en sont distanciées, la transformation est irréversible, le chemin de retour n'est ouvert qu'aux chimériques. Est-ce que l'humanité est à jamais perdue ?

CHAPITRE TROISIÈME

PLAIDOYER POUR UNE SOCIÉTÉ LÉGITIME ?

3.1. INTRODUCTION

D'anthropologique et de socio-politique qu'il était au départ, le *Discours sur l'inégalité* devient éthique à la fin. En effet, Rousseau, loin de se contenter du simple récit historique, de ce qui est, vise le devoir-être. L'examen des faits par le droit constitue la méthode qu'utilise notre auteur pour saisir la légitimité de cet acte fondateur qu'est le contrat. Une telle méthode récuse que le fait existant soit nécessairement conforme à ce qui devrait être. Elle refuse par le fait même que l'origine soit confondue avec le fondement. La distinction entre l'apparence d'une part et la réalité d'autre s'impose.

Rousseau est avant tout un réformateur. Il veut réformer la société pervertie. Sa double critique à la fois destructrice et constructrice joue un rôle propédeutique en visant une société idéale à l'instar de la *République* platonicienne. En effet, même s'il n'a pas encore fixé ses idées sur la vraie nature du pacte fondamental, le Citoyen de Genève ébauche déjà le vrai contrat : « *tout ce qu'il y a de hardi dans le Contrat était auparavant dans le Discours sur l'inégalité* »[47]. C'est le Vrai Contrat qui fonde la société civile (un État juste) à travers la loi, trait d'union entre le peuple et ses chefs choisis. Cette loi, expression de la volonté générale, harmonise les relations sociales et règle de choix de la magistrature. Est-ce à dire que c'est finalement la loi – portée par une éthique de responsabilité, de liberté, d'excellence, de justice, d'égalité, etc. à l'échelle sociétaire – et non la Magistrature qui constituerait le substratum de l'Etat ?

3.2. FOCUS SUR LES ORIGINES DES SOCIÉTÉS POLITIQUES : LE PACTE DE GOUVERNEMENT

Rousseau entre volontiers en débat, quant aux origines des sociétés politiques, en confrontant son approche jugée légitime à d'autres qui furent soutenues dans la tradition philosophique. Il reconnaît de prime abord l'existence de plusieurs approches : renvoyant aux conquêtes du plus fort ou à l'union des faibles. Par la suite et avec force arguments, l'auteur du Second Discours s'évertue à établir la non-pertinence de ces différentes approches.

Quant à l'argument du droit de conquête du plus fort, soutenu entre autres par Hobbes dans le *Léviathan*, Rousseau conteste sa légitimité dans la mesure où non seulement ce droit n'en est pas un, mais aussi où la loi du plus fort, reposant sur la violence, ne peut, selon lui, fonder ni une véritable société ni un corps politique : sans l'adhésion libre du peuple, on demeure en effet dans l'état de guerre. En ce qui concerne le second argument renvoyant à l'union des faibles, argument soutenu par d'Alembert dans le Discours préliminaire de l'Encyclopédie, Rousseau répond qu' « *il est raisonnable de croire qu'une chose* (la société civile par le faux contrat) *a été inventée par ceux à qui elle est utile* (les riches, les forts) *plutôt que par ceux à qui elle fait du tort* (les pauvres, les faibles) » [48].

La thèse, défendue par Grotius, qui fonde le pacte de gouvernement sur l'esclavage ne laisse pas indifférent le Citoyen Genevois. C'est dans cette même dialectique de réfutation qu'entre sa critique assez acerbe de la monarchie primitive de droit divin, thèse soutenue en partie par Hobbes et rejetée par Locke. La thèse rousseauiste soutient pour sa part comme incontestable que les peuples se soient donné des chefs pour défendre leur liberté contre l'oppression, pour protéger leurs biens et leurs vies, et non pour les asservir. S'il y a le Prince, c'est donc plutôt pour préserver le Maître.

Attribuer à l'homme un penchant naturel à la servitude, n'est-ce pas, se demande le Citoyen de Genève, juger du non-vu par le vu à la manière philosophique ou sophistique ? À la différence de l'homme civilisé qui ne fait que vanter sans cesse la paix et le repos dont il jouit dans ses fers, l'homme primitif ne préfère-t-il pas la plus orageuse liberté à un assujettissement tranquille ? Ce questionnement rousseauiste révèle que, pour le sauvage, la liberté comme l'indépendance valent mieux que toutes les voluptés esclavagistes de la civilisation.

La question se déplace de l'esclavage originel a l'esclavage héréditaire. Pufendorf estime qu'on peut, grâce au principe de transfert, se dépouiller de sa liberté en faveur d'un autre. Mauvais raisonnement, estime Rousseau, car la liberté, à la différence de choses extérieures, est intrinsèque à l'homme. Il n'appartient pas à celui-ci de se dépouiller des dons naturels tels que la liberté et la vie ; y renoncer à quelque prix que ce soit, c'est offenser à la fois la nature et la raison. En outre, l'homme naissant libre, l'esclavage héréditaire est incompréhensible, car il nie l'humanité de l'homme.

L'argument selon lequel tout gouvernement et toute société dérivent de l'autorité paternelle ne satisfait pas non plus notre Auteur. Ce dernier estime, au contraire, que c'est de la société civile que le pouvoir paternel tire sa principale force. De l'enfance à l'âge adulte, le mouvement va de l'hétéronomie à l'autonomie. À l'âge adulte, c'est le respect et non plus l'obéissance qu'on doit à son père. Et on le doit comme une reconnaissance et comme un devoir à rendre, non comme un droit à exiger. Si l'auteur du *Discours sur l'inégalité* s'inscrit en faux contre la conception paternaliste du gouvernement, c'est parce qu'au sein d'un tel gouvernement, les sujets seraient réduits à recevoir comme une faveur le vol partiel du despote ; comme une justice ses dépouillements et comme une grâce la vie qu'il leur laisse. C'est finalement contre l'obéissance aveugle à un Maître absolu que l'argument rousseauiste s'est développé dans toute cette partie.

Donc ni le droit de conquête (Pufendorf) ni le contrat d'assujettissement (Hobbes) ni l'autorité paternelle (Ramsay) ne peuvent fonder en raison la légitimité de l'institution sociale, cette dernière ne trouve sa souveraineté que dans le vrai contrat (par opposition au contrat d'oppression des riches).

3.3. DU VRAI CONTRAT SOCIAL

Le refus déclaré de l'ordre social existant – avec ses inégalités, ses désordres et ses vices culminant dans l'apparition du despotisme et le retour à l'état de guerre – n'est nullement une invitation à « rétrograder », à retourner à l'état de nature, à « vivre dans la forêt avec les ours ou à marcher à quatre pattes » comme le pensait à tort Voltaire. Conscient que tout rétrograde, tout retour à l'état de nature est impossible, le Citoyen de Genève note seulement d'éviter de trop s'écarter de l'état de nature, ou mieux qu'il convient de préserver l'espèce humaine d'un processus croissant de dénaturation. Si la résistance à celle-ci s'avère être, dans l'*Émile*, l'éducation selon la nature, ici c'est le vrai contrat qui se présente comme la seule voie du salut. Équivalent de l'ordre naturel, ce contrat est, pour parler comme Kant, la condition de possibilité de l'épanouissement de la nature au sein même de l'ordre social.

Manifestation du lien strict entre les vices moraux (la discordance de l'être et du paraître) ainsi qu'entre les conditions d'oppression et d'inégalité sociales, le malaise de la civilisation postule un devoir-être-ensemble meilleur où l'humanité se réconcilierait avec sa réalité essentielle, contredite par l'œuvre socialisatrice. Ce vivre-ensemble-autre viendrait en principe mettre un terme à la guerre, laquelle n'est qu'une conséquence de la propriété, c'est-à-dire l'effet d'un système de relations fictives entre l'homme et le monde, et non pas l'expression de la nature. En outre, le postulat de l'État-idéal, fondé sur le vrai contrat, se veut non seulement une utopie mobilisatrice, mais aussi et surtout un jalon décisif dans l'expression des principes et des droits d'une société légitime, antithèse de l'occultation ou de la mystification du pseudo contrat des riches. Le modèle idéal qu'est le contrat social vient ébaucher les bases ou les fondements d'un État politique. Mais, ce vrai contrat qui semble la fidélité à la nature au sein de la société, qu'est-il donc ?

Le contrat rousseauiste s'inscrit dans la théorie traditionnelle du double contrat : le pacte d'association et le pacte de soumission. Que le peuple se constitue en tant que tel par le pacte d'association, cela demeure incontestable et incontesté pour le Citoyen de Genève. Tout le problème se pose au niveau de la visée. Alors que le contrat oppressif des riches, fondé sur une volonté particulière, visait un bien corporatiste, le pacte d'association ici, fondé sur la volonté générale (de tous et de chacun) vise le bien commun. Et ce bien public suppose au préalable liberté et égalité entre les contractants. La loi, expression de la volonté générale, supprime dès lors toute stratification injuste de l'ordre social, et permet d'éviter l'arbitraire de la décision individuelle au profit d'une coexistence pacifique des libertés. Il s'agit d'une réinvention de la société qui implique la conscience d'appartenir à un corps unique, la convergence des intérêts particuliers, la création d'un Moi-Public :

« *J'aurais voulu naître dans un pays où le souverain et le peuple ne pussent avoir qu'un seul et même intérêt, afin que tous les mouvements de la machine ne tendissent jamais qu'au bonheur commun ; ce qui ne pouvant se faire à moins que le peuple et le souverain se soient une même personne* »[49].

La problématique du pacte d'association appelle forcément celle du pacte de gouvernement ou de soumission par lequel le Souverain qu'est le peuple délègue une partie de ses pouvoirs à un individu ou à un groupe. Rousseau n'est certainement pas un jobard, il est bien conscient des dérapages auxquels une telle soumission peut conduire. Ainsi, insiste-t-il davantage sur les obligations des chefs, qui sont des simples « commis », que sur celles du peuple. En optant pour un «*gouvernement démocratique sagement tempéré* »[50] dans sa dédicace, il marque son opposition, quoiqu'implicite, à l'absolutisme français, alors en vogue. Il est bien conscient que le pouvoir absolu corrompt absolument.

Si cet idéal contractuel n'est possible que dans des Etats géographiquement petits, comme Genève, et souffre de l'absence d'une autorité suprême à même d'apprécier les agissements du peuple, du souverain ainsi que de tous les autres commis du peuple, il n'en demeure pas moins un pôle référentiel, un critère de jugement de toute pratique politique. A l'instar de l'idée de nature qui permet d'apprécier un écart historique, l'idée de droit rend possible une phénoménologie des infractions sociales, un dévoilement de toutes les mystifications des contrats historiques.

3.4. UNE ÉTHIQUE SOCIO-POLITIQUE

La socialité de la loi contractuelle vise une réhabilitation-autre de la nature. La médiation légale qui reconsidère positivement la raison et la société se veut, à notre avis, une tentative de moralisation et de réorganisation de l'ordre social. Cette tentative d'une « éthique de la pratique politique » transparaît déjà dans la dédicace où le Citoyen de Genève, au-delà des éloges, critique subtilement certains manquements de la démocratie genevoise.

Comme idéal porté par une anthropologie qui affirme la bonté naturelle de l'homme, le devoir-être contractuel postule une conciliation entre l'ordre socio-politique et l'autonomie absolue et inviolable de l'homme, afin de réduire, sinon d'abolir, le hiatus entre le droit et la nature, les exigences sociales et l'essence humaine, la loi et l'émergence de la liberté ou de la prise en compte des intérêts de l'individu, le juste et l'utile. Il incombe au juridique d'atténuer les inégalités, de protéger l'homme contre toute servitude en assurant sa liberté, de préserver la réalité humaine dans son authenticité. Une telle effectuation juridique ne va jamais sans une vision anthropologique et surtout pas sans fondement éthique.

L'analyse rousseauiste de la République de Genève commence par l'exaltation de certaines valeurs de l'être-en-société, passe par la mise en évidence des failles de ce vivre-ensemble démocratique à la mode genevoise et s'achève par le projet d'un modèle de société, au sein de laquelle l'homme pourrait s'épanouir sans corrompre sa liberté. Ce paradigme sociétaire véhicule une certaine conception de la vie bonne par sa dénonciation des méfaits de la civilisation, de la cupidité de l'homme. Il semble proposer en outre un cadre normatif, un équilibre réflexif, dirait John Rawls, qui oriente la convivialité sociale.

Au centre de cette convivialité sociale se pointe la vertu qui seule peut humaniser la société, valoriser l'humain, rendre à la patrie les honneurs dignes. Le citoyen dans sa pratique civique ou politique doit témoigner d'un génie éthique, dans la mesure où c'est justement la vertu qui constitue la condition de possibilité d'une saine évolution de la société et d'un vrai bonheur ainsi qu'une conjonction harmonieuse entre l'égalité naturelle et l'inégalité instituée par les lois positives (sociales)[51]. Si Rousseau est conscient que tout tient à la politique, il n'est pas non plus sans connaître le mariage politique-éthique :

« J'avais vu que tout tenait radicalement à la politique, et que, de quelque façon qu'on s'y prît, aucun peuple ne serait jamais que ce que la nature de son gouvernement le ferait être ; ainsi cette grande question du meilleur gouvernement possible me paraissait se réduire à celle-ci. Quelle est la nature de gouvernement propre à former un peuple le plus vertueux, le plus éclairé, le plus sage, le meilleur enfin à prendre ce mot dans son plus grand sens »[52].

On comprend pourquoi dans la vision rousseauiste, le citoyen véritable apparaît comme celui qui rêve de laisser après lui l'honorable mémoire d'un homme de bien et d'un honnête et vertueux patriote[53]. La concorde publique ne peut résulter que d'un ensemble des vertus : modération, estime réciproque, commun respect pour les Lois... Cette kyrielle de vertus favorise l'orientation de la liberté vers le chemin de la moralité.

Notre deuxième chapitre a suffisamment montré comment le progrès déréglé de la civilisation constitue un péril pour la liberté, qualité intrinsèque, inaliénable et irréductible de l'homme. Hélas, cette qualité est aliénée par l'économique comme par le socio-politique : « partout les hommes sont dans les fers ». Or une vraie cité, la société légitime, ne se réalise que par des libertés engagées dans une cause commune, sinon règne l'état de guerre, vecteur de la déshumanisation. D'où l'esquisse d'une réforme sociale, qui restaure la liberté humaine aliénée, semble se profiler déjà dans le Second Discours, car l'épanouissement et la coexistence pacifique des libertés individuelles – à la limite instinctives – ne trouvent une auberge favorable qu'au sein d'une société non seulement libre, mais garante et porteuses des valeurs susceptibles de promouvoir l'autonomie du genre humain. Condition sine qua non de celle-ci, la cité libre passe par la médiation juridique dont le paradoxe consiste dans une aliénation libératrice, le fait que l'homme « aliène » par convention sa liberté naturelle au profit d'une liberté civile. Caractéristique de l'hominité, la liberté juridique rend possible aussi bien la rationalisation que la moralisation de la société au sein de laquelle l'égalité de tous devant la législation commune s'affirme avec force. Donc pas d'autonomie sans hétéronomie.

L'éthique rousseauiste prend en compte également la température comme vertu équilibrante de l'affirmation de l'autonomie personnelle. Chacun doit se tenir à sa place et jouer son rôle sans marcher sur les plates-bandes d'autrui : peuple, magistrats, seigneurs, femmes... Chacun doit apporter sa rime dans cette grande poésie qu'est la société. Une telle modération s'inscrit dans une logique de respect mutuel ; la considération de toute personne dans sa spécificité fonctionnelle, telle est la nouvelle règle d'or.

Le rejet du mal et l'amour de la vertu constituent le principe directeur de l'agir populaire. Il est du devoir du peuple, en vertu du pacte du gouvernement, de se soumettre aux sages lois élaborées par les magistrats, d'obéir aux ministres qu'il s'est choisi, d'écouter les sages, les plus éclairés, les plus vertueux. En outre, beaucoup de tâches sont confiées à des particuliers qui constituent le peuple :

« Les particuliers se contentant de donner la sanction aux Lois, et de décider en corps et sur le rapport des chefs, les plus importantes affaires publiques, établiraient des tribunaux respectés, en distingueraient avec soin les divers départements ; éliraient d'année en année les plus capables et les plus intègres de leurs concitoyens pour administrer la justice et gouverner l'État ; et où la vertu des magistrats portant ainsi témoignage de la sagesse du peuple, les uns et les autres s'honoreraient mutuellement » [54].

Il va sans dire qu'il s'agit là d'une éthique de la responsabilité et de la prise en charge du socio-politique par tous et par chacun. De cette façon, les plus compétents, scientifiquement et moralement, se trouveraient aux postes de commande de l'État. La responsabilité permet au peuple, étant donné l'option pour la modération et la simplicité de vie, d'éviter deux échecs : la richesse encombrante qui entraîne la mollesse et la fuite dans des vains délices au détriment de solides vertus, partant du vrai bonheur ; et la pauvreté (au sens de la misère) qui aliène l'indépendance par la mendicité auprès des plus nantis. La logique du juste-milieu doit présider à tout agir public.

Les magistrats, quant à eux, doivent user avec circonspection des prérogatives qui leur sont reconnues : élaborer des sages Lois, soumettre celles-ci à l'approbation des autres citoyens. La magistrature ne peut en aucun cas se substituer au peuple en tout et pour tout. Reçue du peuple, sa mission s'exerce selon la volonté de ce dernier. La magistrature demeure dans ce cas une servante et non une institution oppressive.

L'exigence de vivre, in concreto, la vérité comme principe directeur doit aller de pair avec le rejet radical de l'hypocrisie, de l'apparence, des faux-semblants. Il faut fuir comme une peste une vie à double face qui s'enlise dans l'opacité. En tout cas, Rousseau n'est pas un défenseur complaisant de la médiocrité ; il est plutôt un artisan de l'excellence. Les seigneurs du peuple comme des dirigeants politiques doivent être des génies libres, vertueux, tempérés, compétents, talentueux, capables d'éclairer le commun des mortels. Parmi les meilleurs citoyens devraient se trouver les pasteurs d'âmes, appelés à être des hommes de parole, capables de concilier le dire et le faire, témoignant, au-delà des mots, par l'exemple.

Les femmes également ont leur rôle à jouer dans la consolidation de la Polis. Elles ne font nullement partie d'une catégorie sociale marginale. Précurseur, avant la lettre, du féminisme contemporain, le Citoyen Genevois réhabilite la femme dans sa dignité comme dans sa spécificité fonctionnelle. Les femmes devraient être ces chastes gardiennes des mœurs et des doux liens de la paix, afin de faire valoir toujours les droits du cœur et de la nature, du devoir et de la vertu. L'incidence féminine dépasse le cercle restreint de la famille nucléaire, elle va jusqu'au niveau de l'État, du peuple. Maintenir toujours, par son aimable et innocent empire et par son esprit insinuant l'amour des Lois et de l'Etat et la concorde parmi les citoyens ; réunir par d'heureux mariages les familles divisées ; corriger par la persuasion douceur de ses leçons et par les grâces modestes de se entretiens, les travers des jeunes gens, telle est la litanie des rôles confiés à cette mère de patrie. La femme, loin d'être reléguée à l'arrière-plan ou d'être taxée de sexe faible, doit dans l'éthique rousseauiste prendre activement part à la reconstruction de la société, et cela sur tous les plans.

3.5. CONCLUSION

Ce troisième chapitre a tenté d'une certaine manière de concilier l'optimisme anthropologique du premier chapitre avec le pessimisme du deuxième. Puisque le mal n'est pas ontologique mais plutôt anthropologique, c'est-à-dire conséquence de l'homme mal gouverné, il sied dès lors de chercher une forme sociale qui n'altère plus la nature, une éthique qui articule harmonieusement l'anthropologique et le socio-politique. En ce sens, le *Discours sur l'inégalité* ouvre une brèche vers le *Contrat Social.*

Le premier mouvement de cette articulation a mis Rousseau aux prises avec diverses conceptions concernant les origines des sociétés politiques. Il s'y est dégagé que la société ne peut dériver ni du droit de conquête ou droit du plus fort, ni de l'esclavage (qu'il soit héréditaire ou non), ni de l'autorité paternelle, mais seulement d'une convention consensuelle, et partant légitime.

Le contrat social ou vrai contrat, par opposition au faux contrat des riches, fut saisi, dans un second moment, comme le seul acte fondateur de la société. Il est acte fondateur a plus d'un titre : d'abord comme pacte d'association par lequel le peuple se constitue comme tel, ensuite comme pacte de soumission par lequel le peuple, à travers les particuliers qu'il a choisis comme gouvernement. La loi, expression de la volonté générale, guide désormais l'agir social. De cette heureuse méditation juridique, découle la coexistence pacifique des libertés individuelles et l'égalité de tous devant la loi. Le devoir-être contractuel qui postule une société idéale s'inscrit en faux contre le règne de l'inégalité.

Loin d'être un acquis donné une fois pour toute, l'humanité s'avère être une tâche à réaliser. D'où l'importance d'une pratique morale pour rendre la société davantage humaine. Il convient dès lors de fonder le socio-politique sur l'éthique. Et l'éthique rousseauiste est celle de l'excellence, de la responsabilité, de la considération mutuelle, etc. Du peuple aux femmes en passant par les magistrats ainsi que les seigneurs du peuple, chacun doit jouer son rôle, remplir son devoir comme il se doit. L'avènement d'une société juste, légitime, est à ce prix. Faire du vivre-ensemble un havre de paix et non un antre de loups, voilà à notre avis la visée du devoir-être contractuel, correctif de l'entreprise civilisatrice. Avouons qu'un tel idéal, en vertu de son universalité, dépasse largement le cadre étroit de la société natale de l'auteur du Discours sur l'inégalité et peut s'appliquer d'une certaine manière aux enjeux contemporains.

CHAPITRE QUATRIÈME

REVISITER ROUSSEAU : LA PERTINENCE DE SA THÉORIE DE L'INÉGALITÉ AUJOURD'HUI

4.1. INTRODUCTION

Le "Deuxième Discours" de Jean-Jacques Rousseau, sur l'origine et le fondement de l'inégalité parmi les hommes, a été publié en 1755. Rousseau a établi les fondations d'une réflexion approfondie sur les inégalités sociales pendant la période des Lumières. Même si elles ont été élaborées il y a plusieurs siècles, leurs idées demeurent actuelles dans notre monde moderne. Ce chapitre examine le discours de Rousseau et comment il peut être utilisé pour résoudre les problèmes urgents de notre temps.

Au XXIe siècle, les inégalités sont un sujet important de préoccupation à l'échelle mondiale. Les disparités entre la richesse, le pouvoir et l'accès aux opportunités deviennent de plus en plus inquiétantes. Alors que des milliards de personnes continuent de vivre dans la pauvreté, quelques-uns réussissent à accumuler de grandes richesses. Les biens tels que l'éducation, la santé et même l'accès à l'eau potable sont encore inégalement distribués. L'inégalité dans toutes ses facettes est devenue un enjeu majeur de notre époque.

Les concepts de Rousseau concernant la cause de l'inégalité sont renforcés dans cette situation. Dans son Deuxième Discours, Rousseau a essayé d'expliquer comment l'humanité a sombré dans une inégalité profonde après avoir commencé dans un état de nature caractérisé par l'égalité. Il a examiné comment la propriété privée, l'amour-propre et les institutions sociales contribuent à l'inégalité. Bien que ces idées datent du 18e siècle, elles ont un impact significatif sur nos sociétés modernes.

Dans ce chapitre, les idées de Rousseau seront utilisées comme base pour examiner le problème de l'inégalité dans la société moderne. En mettant l'accent sur les notions d'amour-propre, de compétition et de recherche de reconnaissance sociale, nous examinerons les mécanismes qui ont conduit à cette inégalité croissante. De plus, nous aborderons les critiques et les discussions concernant les idées de Rousseau, tout en examinant les moyens et les réformes envisageables pour réduire les inégalités.

Le but de ce chapitre est de discuter de la façon dont la philosophie de Rousseau peut être utilisée pour éclairer les problèmes contemporains liés à l'inégalité, ainsi que de la manière dont ses idées peuvent être utilisées pour inspirer des actions politiques et sociales visant à créer un monde plus équitable pour tous.

4.2. LES CONCEPTS DE ROUSSEAU

Dans son "Deuxième Discours", Jean-Jacques Rousseau a fourni une analyse approfondie et complexe de l'origine de l'inégalité. Dans cette section, nous examinons les principaux concepts de Rousseau qui sont nécessaires pour comprendre sa théorie de l'inégalité et sa possible application aux réalités modernes.

4.2.1. L'ÉTAT DE NATURE

Selon Rousseau, tout a commencé dans l'état naturel, une condition hypothétique dans laquelle les êtres humains existaient avant la création de la société. Dans cette situation, tout le monde avait les mêmes droits et ne possédait ni propriété privée ni lois. Pour comprendre son point de départ, l'état de nature est essentiel car il sert de référence pour évaluer l'impact des développements ultérieurs sur l'égalité originelle.

4.2.2. L'AMOUR PROPRE

Rousseau a introduit l'idée de l'amour-propre, qui est à l'origine des inégalités. L'amour-propre est le désir d'être estimé et reconnu par les autres, contrairement à l'amour de soi, un instinct naturel de préservation. La recherche de reconnaissance pousse les gens à la compétition, à l'accumulation de biens matériels et finalement à l'inégalité. Selon Rousseau, l'amour-propre est crucial pour transformer l'état de nature en une société inégale.

4.2.3. LA PROPRIÉTÉ PRIVÉE

Selon Rousseau, la propriété privée joue un rôle important dans la création de l'inégalité. Alors que la terre était commune à tous dans la nature, l'appropriation privée a créé des inégalités considérables. L'idée de "Ceci est à moi" est à l'origine de l'inégalité.

4.2.4. LES INSTITUTIONS SOCIALES

L'inégalité est également influencée par des institutions telles que la famille, la propriété et les lois. Émergées pour légitimer et protéger la propriété privée, elles ont renforcé l'inégalité.

Il est crucial de comprendre ces idées afin de comprendre la théorie de l'origine de l'inégalité de Rousseau. Son analyse de la façon dont l'amour-propre, la propriété privée et les institutions sociales ont contribué à transformer l'humanité de l'état de nature à une société inégale offre une perspective unique sur les mécanismes qui se produisent dans notre propre monde contemporain. Il est clair que les idées de Rousseau - exprimées dans le Second Discours - peuvent être utilisées dans une certaine mesure pour résoudre les problèmes d'inégalité actuels.

4.3. APPLICATION DES IDÉES DE ROUSSEAU

Dans son "Deuxième Discours", Jean-Jacques Rousseau développe une théorie approfondie de l'origine de l'inégalité. Cette section examine comment ses principes clés peuvent être utilisés pour mieux comprendre les problèmes d'inégalité contemporains.

4.3.1. L'INÉGALITÉ DANS LA SOCIÉTÉ CONTEMPORAINE

L'approche rousseauiste semble pertinente aux questions inégalitaires contemporaines. En effet, l'inégalité est un phénomène répandu et préoccupant dans le monde moderne. Au cours des dernières décennies, les disparités économiques et sociales ont augmenté à un niveau mondial, soulignant l'importance de comprendre et de corriger ces disparités. Les éléments d'inégalité qui caractérisent notre société moderne peuvent être catégorisés de manière suivante:

- **Inégalité Économique**

L'inégalité économique est l'une des formes d'inégalité les plus apparentes. Les statistiques montrent que la richesse diffère considérablement entre les individus et les groupes sociaux. Alors que des milliards de personnes se battent pour répondre à leurs besoins de base, les 1 % les plus riches détiennent une part disproportionnée des richesses mondiales. Il existe des cas réels de milliardaires qui ont autant de richesses que des pays entiers, ce qui démontre l'étendue de cette disparité.

- **Inégalité d'Opportunité**

L'inégalité ne concerne pas seulement l'économie. Les facteurs tels que le lieu de naissance, le sexe, la race et la classe sociale ont souvent un impact sur l'accès à l'éducation, aux soins de santé et aux opportunités équitables. La grille de lecture rousseauiste nous permet d'examiner comment certains groupes sont dès le départ désavantagés en raison d'inégalités d'opportunité et comment cela perpétue un cercle vicieux de privilèges et de désavantages.

● **Inégalité dans l'Accès aux Ressources de Base**

Même l'accès aux besoins fondamentaux tels que l'eau potable, la nourriture et un logement décent est inégalement réparti dans le monde. De nombreuses personnes vivent dans des conditions inhumaines en raison d'un manque d'accès à ces ressources, ce qui met en lumière l'importance de lutter contre l'inégalité à l'échelle internationale (les inégalités systémiques).

● **Inégalité dans les Possibilités Politiques**

L'inégalité touche également la sphère politique. Souvent, ceux qui ont le pouvoir, l'argent et l'accès aux ressources ont la capacité de participer à la prise de décisions politiques. Il va sans dire que le « rousseauisme » prôné dans le second discours s'avère être un outil efficace permettant l'examen du comment les inégalités politiques peuvent nuire à la démocratie et conduire à des politiques qui favorisent les intérêts de quelques-uns au détriment du bien commun.

Au-delà de ces différentes formes d'inégalités, les institutions sociales peuvent-être, selon le "rousseauisme du Deuxième Discours", génératrices d'inégalités structurelles. En effet, l'inégalité est perpétuée par des institutions telles que l'éducation, la famille et le système politique. Organisées parfois pour préserver certains privilèges, ces organisations peuvent encourager (ou réduire) l'inégalité. L'inégalité est maintenue par ces institutions sociales, lesquelles institutions ne sont pas neutres, car elles ont un impact significatif sur la façon dont l'inégalité se propage et persiste.

● **Éducation et inégalité:**

Bien que l'éducation soit souvent considérée comme la principale source d'égalité, elle peut également jouer un rôle dans la perpétuation des inégalités. Les disparités d'accès à une éducation de qualité commencent tôt dans la vie, avec des disparités dans l'accès à l'éducation préscolaire, des ressources insuffisantes dans les écoles des quartiers défavorisés et des frais de scolarité exorbitants dans l'enseignement supérieur. Les disparités dans l'accès à l'éducation sont aggravées par les disparités économiques, raciales et ethniques, ce qui entraîne des désavantages pour certaines populations.

- **Famille et Inégalité**:

La famille joue également un rôle important dans la propagation de l'inégalité. Les opportunités des enfants sont fortement influencées par les conditions familiales, telles que le revenu, l'éducation des parents et la stabilité du foyer. Les familles défavorisées ont souvent moins de ressources pour investir dans l'éducation de leurs enfants, tandis que les familles riches peuvent fournir un environnement stimulant. Les inégalités de genre ont également un impact sur la répartition des tâches domestiques et la prise en charge des enfants.

- **Système Politique et Inégalité**:

Le système politique peut contribuer à la perpétuation des inégalités. Par exemple, les lois et les politiques fiscales peuvent favoriser les riches aux dépens des moins nantis. Le système politique peut entraîner des inégalités en favorisant le financement des campagnes électorales, le lobbying des grandes entreprises et les inégalités d'accès à la participation politique. Les lois contre la discrimination raciale, de genre et ethnique peuvent également favoriser l'inégalité en empêchant l'accès équitable à l'emploi et aux opportunités

Il apparaît évident que ces institutions sociales jouent un rôle important dans le contexte dans lequel se développe l'inégalité. Elles contribuent à la création de structures qui favorisent la reproduction des inégalités d'une génération à l'autre. Il est crucial d'examiner attentivement le rôle de ces institutions afin de lutter contre les inégalités et de trouver des moyens de les réformer afin de garantir un accès équitable aux opportunités et aux ressources pour tous, quelles que soient leurs origines.

4.3.2. ROUSSEAU ET LA PROPRIÉTÉ PRIVÉE

La notion de propriété privée, qui était très appréciée par Rousseau, est à l'origine de l'inégalité économique actuelle. L'accumulation de biens et de capitaux est la principale cause de la concentration de richesses entre les mains d'une minorité. Les institutions économiques contemporaines, les paradis fiscaux et les marchés financiers, favorisent d'une certaine manière cette inégalité de la propriété.

Dans le second Discours sur l'origine et le fondement de l'inégalité parmi les hommes, Rousseau critique - à tort ou à raison - la propriété privée et affirme que c'est une convention sociale plutôt qu'un droit naturel. La critique rousseauiste de la propriété privée et de la société commerciale peut être approfondie en examinant les raisons pour lesquelles Rousseau considère que la propriété privée est à l'origine des inégalités sociales et morales. Selon lui, l'idée de propriété est apparue lorsque les premiers êtres humains ont commencé à cultiver la terre et à élever des animaux, ce qui a créé une distinction entre les propriétaires et les non-propriétaires. En effet, Rousseau explique que la propriété privée est la source de nombreuses inégalités économiques et sociales. Selon lui, la propriété privée a été introduite par l'homme afin de protéger sa récolte et ses animaux domestiques. Toutefois, cette première étape a rapidement mené à la naissance de la société et l'apparition d'une division du travail qui s'est traduite par une division sociale des richesses.

Rousseau affirme que cette distinction a créé une division sociale entre les riches et les pauvres, et a conduit à l'émergence des inégalités économiques. Il soutient que la propriété privée ne devrait pas être considérée comme un droit naturel, mais plutôt comme une convention sociale qui peut être remise en question et modifiée en fonction des besoins de la société. Selon lui, la propriété privée doit être au service de l'intérêt général et ne doit pas être utilisée pour justifier des inégalités économiques et sociales.

Cette critique de la propriété privée peut être appliquée aux inégalités économiques contemporaines, en montrant que la propriété est souvent utilisée pour justifier des inégalités économiques. Par exemple, les riches possèdent souvent des biens et des ressources qui leur permettent d'accumuler encore plus de richesse, tandis que les pauvres ont moins d'accès à ces ressources et sont donc souvent laissés pour compte. Le Citoyen de Genève estime, avec raison, que cette situation est injuste et qu'elle doit être corrigée. Pour cela, il propose de remettre en question la propriété privée et de la mettre au service de l'intérêt général. Pourquoi devrions-nous remettre en question la propriété privée ?

La réponse rousseauiste est sans ambages : la propriété privée est à l'origine des inégalités sociales et morales parce qu'elle permet aux riches de s'approprier des biens et des ressources qui devraient être partagés par tous. La propriété privée favorise également l'émergence d'une classe de propriétaires qui possèdent des biens et des ressources, tandis que les autres membres de la société n'ont rien. Cette situation crée une inégalité sociale qui est contraire à la nature de l'homme, qui est libre et égal en droit.

De plus, Rousseau affirme que la propriété privée encourage l'émergence de la société commerciale, qui est fondée sur l'échange de biens et de services. La société commerciale est caractérisée par la recherche du profit et de l'avantage personnel, ce qui crée des tensions et des conflits entre les individus. Dans la société commerciale, les individus ne sont plus motivés par l'amour de la justice et de la vertu, mais par l'intérêt personnel et le gain matériel. Cette situation crée une inégalité morale qui est également contraire à la nature de l'homme, qui est libre et égal en droit. Quel serait alors le remède idéal à la propriété privée ?

Pour Rousseau, la solution à ce problème consiste à créer une société fondée sur la propriété collective et la coopération plutôt que sur la propriété privée et la compétition. Une telle société serait caractérisée par la recherche du bien commun et de la justice, plutôt que par la recherche du profit et de l'avantage personnel. Dans cette société, les individus seraient motivés par l'amour de la vertu et de la justice plutôt que par l'intérêt personnel et le gain matériel. Aussi faudrait-il remettre en question les normes économiques actuelles et proposer des alternatives plus justes et équitables. Par exemple, en soutenant des formes de propriété collective ou en proposant des réformes fiscales pour réduire les inégalités économiques.

Cependant, cette solution soulève plusieurs questions. Tout d'abord, comment peut-on créer une société fondée sur la propriété collective et la coopération sans renoncer aux avantages de la propriété privée, tels que la liberté individuelle et la créativité ? Ensuite, comment peut-on éviter que cette nouvelle société ne soit pas elle-même corrompue par des intérêts égoïstes et des comportements violents ? Enfin, comment peut-on s'assurer que cette nouvelle société ne soit pas elle-même une source d'inégalités sociales et morales ?

Ces questions soulignent, à notre avis, les limites de la vision de Rousseau et la nécessité de réfléchir à des solutions alternatives à la propriété privée et à la société commerciale. Néanmoins, l'analyse de Rousseau reste pertinente pour comprendre les problèmes de l'inégalité sociale et morale dans nos sociétés contemporaines, ainsi que pour encourager une réflexion sur les moyens de réduire ces inégalités et de favoriser une société plus équitable et plus juste.

À mon avis, la critique de la propriété privée de Rousseau dans le Discours sur l'origine et le fondement de l'inégalité parmi les hommes est une contribution importante à la pensée politique et économique contemporaine, en remettant en question les normes économiques actuelles et en proposant des alternatives plus justes et équitables. Quoiqu'imparfaite, l'approche rousseauiste nous invite à repenser le rôle de la propriété privée dans nos sociétés, et à proposer des alternatives plus justes et équitables pour garantir une distribution plus juste et équitable des richesses.

4.3.3. L'AMOUR-PROPRE DANS LA SOCIÉTÉ MODERNE

Le concept clé de la philosophie de Jean-Jacques Rousseau, l'amour-propre, est très présent dans de nombreux aspects de la société moderne. Dans notre monde moderne, l'amour-propre se manifeste de diverses manières, contribuant ainsi à l'aggravation des inégalités.

L'un des aspects les plus visibles de l'amour-propre dans la société actuelle est l'obsession pour la réussite matérielle. Un désir de reconnaissance sociale alimente en partie la course effrénée vers l'accumulation de richesses matérielles et le désir d'acquérir toujours plus. Pour être reconnus et admirés par les autres, les gens sont souvent incités à afficher leur richesse financière à travers des biens de luxe, des voitures luxueuses ou des propriétés ostentatoires. La recherche constante de gratification personnelle, qui résulte de l'amour-propre, entraîne une augmentation des inégalités économiques. Les personnes riches ont la possibilité de satisfaire davantage leurs besoins matériels, tandis que les personnes moins riches sont exclues de cette boucle de consommation.

Les médias sociaux, qui sont devenus un élément essentiel de la vie contemporaine, sont un autre domaine où l'estime de soi est clairement exprimée. En publiant des photos flatteuses, en accumulant des "likes" et en cherchant la reconnaissance en ligne, les gens recherchent fréquemment la validation et l'approbation sur les réseaux sociaux. Le rôle de l'amour-propre dans la société moderne est renforcé par cette quête constante d'approbation sociale. Les personnes cherchent à être "vues" et "aimées" virtuellement, contribuant à une culture de la compétition pour l'attention en ligne et de l'image de soi.

Au travail, la rivalité intense est un reflet de la fierté personnelle. Le désir de briller aux yeux des autres est souvent à l'origine de la poursuite incessante de promotions, de réussites professionnelles et de reconnaissance dans les carrières individuelles. Les inégalités entre les gagnants et les perdants découlent de cette compétition.

En examinant comment l'amour-propre affecte ces éléments de la société moderne, nous pouvons mieux comprendre comment cette dynamique contribue à l'aggravation des inégalités. L'amour-propre peut exacerber les inégalités en créant des écarts de richesse, d'accès aux opportunités et de succès social en incitant les gens à rechercher constamment la reconnaissance et la gratification personnelle. Il est essentiel de prendre conscience de ces mécanismes afin d'étudier des réformes et des solutions visant à réduire les inégalités dans notre société actuelle. On comprend alors pourquoi Rousseau nous avertit à ce sujet.

4.3.4. LA QUESTION DE L'ACCÈS AUX OPPORTUNITÉS

La théorie de l'inégalité d'opportunité développée par Rousseau est cruciale pour la société moderne. Elle met en lumière comment l'accès inégal à des opportunités essentielles contribue à l'aggravation de l'inégalité, en particulier à travers des facteurs comme l'accès inégal à l'éducation, la race, le sexe et l'origine sociale.

   ● **Race et Inégalité d'Opportunité:**

   Dans la société moderne, la race est un facteur important qui affecte l'accès aux opportunités. Les disparités raciales persistent dans de nombreux domaines, de l'emploi à l'accès à l'éducation. Les minorités raciales rencontrent de nombreuses difficultés en raison des préjugés et de la discrimination raciale. Pour réduire ces inégalités d'opportunité, des politiques de discrimination positive et des mesures pour lutter contre le racisme sont nécessaires.

   ● **Sexe et Inégalité d'Opportunité:**

   Le genre joue également un rôle dans l'accès aux opportunités. En raison des discriminations liées au genre, les femmes ont souvent moins de possibilités. Une inégalité d'opportunité est causée par des écarts de salaires, une répartition inégale des tâches domestiques et des discriminations au travail. La lutte pour l'égalité des sexes, l'accès équitable à l'éducation et l'émancipation des femmes sont cruciales pour réduire cette inégalité.

- **Origine Sociale et Inégalité d'Opportunité:**

L'origine sociale détermine également l'accès aux opportunités. Les personnes provenant de milieux défavorisés ont souvent moins de ressources pour investir dans l'éducation, la santé et l'accès à l'économie. La perpétuation de cette inégalité d'opportunité est due aux disparités de revenu et à la mobilité sociale restreinte. Il est important de mettre en place des politiques de redistribution, de protéger un accès équitable à l'éducation et de mettre en place des programmes de lutte contre la pauvreté afin de réduire ces disparités.

- **Accès Inégal à l'Éducation:**

L'un des piliers essentiels de l'accès aux opportunités est l'éducation. Cependant, de nombreuses personnes n'ont pas un accès équitable à une éducation de qualité en raison de barrières financières, de la discrimination et de la qualité inégale des écoles. Cela entraîne des disparités de compétences et d'opportunités sur le marché du travail. L'investissement dans l'éducation, la réduction des frais de scolarité et des politiques d'égalité des chances sont nécessaires pour réduire les inégalités d'opportunités liées à l'éducation.

En examinant ces éléments, nous pouvons mieux comprendre comment l'inégalité d'opportunité est profondément enracinée dans notre société moderne. Un premier pas crucial vers la création de réformes et de politiques visant à réduire ces inégalités et à garantir que chaque personne ait un accès équitable aux opportunités, quelle que soit sa personnalité, est de reconnaître ces inégalités.

4.3.5 LA CRITIQUE DE LA CULTURE ET DE LA CIVILISATION

La critique de la civilisation et de la culture dans le Discours sur l'origine et le fondement de l'inégalité parmi les hommes de Jean-Jacques Rousseau est une réflexion profonde sur la transformation de l'homme naturel en un être corrompu par les valeurs et les normes de la société. Cette réflexion peut être approfondie en examinant plus en détail les raisons pour lesquelles Rousseau considère que la civilisation et la culture sont responsables de cette transformation.

Il critique la civilisation et la culture comme étant la source de nombreuses inégalités sociales et morales. Selon lui, la civilisation a transformé l'homme naturel en un être artificiel et corrompu, et a créé une hiérarchie sociale basée sur des critères artificiels tels que la richesse et le prestige. Il soutient que l'homme naturel est libre et égal en droit, mais que la civilisation a créé des barrières artificielles qui ont limité cette liberté et cette égalité. Il affirme que la culture a également joué un rôle dans cette transformation, en créant des normes et des valeurs qui ont favorisé les riches et les puissants aux dépens des pauvres et des faibles. La civilisation et la culture n'ont-elles pas amélioré la condition humaine ?

Rousseau s'oppose à l'idée selon laquelle la civilisation et la culture ont amélioré la condition humaine, affirmant au contraire qu'elles ont créé des inégalités et des injustices. Il soutient que l'homme doit retourner à un état de nature plus simple et plus authentique pour retrouver sa liberté et son égalité. Cette critique de la civilisation et de la culture peut être appliquée à de nombreux enjeux contemporains, tels que l'inégalité sociale, la discrimination et la dégradation de l'environnement.

Tout d'abord, la critique de Rousseau de la hiérarchie sociale basée sur la richesse et le prestige est toujours d'actualité aujourd'hui, car la société continue de fonctionner selon une logique de classe et d'inégalités économiques. Les riches ont souvent un accès privilégié à l'éducation, à la santé et à d'autres ressources, tandis que les pauvres sont laissés pour compte. C'est pourquoi il s'inscrit en faux contre la civilisation, génératrice des inégalités sociales et morales établissant une hiérarchie artificielle basée sur la richesse et le prestige. Il va sans dire qu'une telle hiérarchie a favorisé les riches et les puissants aux dépens des pauvres et des faibles, créant ainsi une société inégalitaire. Rousseau considère que cette inégalité est contraire à la nature de l'homme, qui est libre et égal en droit.

En outre, la culture a joué un rôle important dans cette transformation. Selon le Genevois, les normes et les valeurs de la culture ont favorisé les riches et les puissants aux dépens des pauvres et des faibles. La culture a également créé des idéaux de beauté et de perfection qui ont contribué à la création d'une hiérarchie sociale basée sur des critères artificiels. Une critique de la culture et de ses normes peut être appliquée à la discrimination et à l'injustice sociale. Les normes culturelles peuvent souvent être utilisées pour justifier des pratiques discriminatoires, telles que le racisme ou le sexisme. En remettant en question ces normes, on peut espérer lutter contre ces formes d'injustice sociale.

La critique de Rousseau de la civilisation peut également être appliquée à la dégradation de l'environnement. Selon lui, la civilisation a conduit à une exploitation excessive des ressources naturelles et à une destruction de l'environnement. En adoptant une perspective plus respectueuse de l'environnement, on peut espérer réduire l'impact de la civilisation sur la nature et préserver les ressources pour les générations futures.

Contrairement aux autres théoriciens du Contrat Social comme Thomas Hobbes ou John Lock, Rousseau s'oppose à l'idée selon laquelle la civilisation et la culture sont des améliorations par rapport à l'état de nature, qui est souvent considéré comme violent et brutal. Au contraire, il affirme que l'état de nature est un état d'égalité et de liberté, où les hommes vivent en harmonie avec la nature et où la violence et l'agression sont rares. Selon lui, la civilisation et la culture ont corrompu l'homme en le poussant à adopter des comportements égoïstes et violents. Comment serait-ce possible de retourner à un état de nature perdu à jamais ?

Pour Rousseau, la solution à ce problème consiste à revenir à un état de nature simplifié, où les hommes vivent en harmonie avec la nature et où les inégalités sociales et morales sont minimisées. Cela peut être accompli en réduisant les influences de la civilisation et de la culture, en rejetant les idéaux de beauté et de perfection qui ont créé une hiérarchie artificielle, et en favorisant un retour à une vie simple et naturelle.

Cependant, cette solution soulève plusieurs questions. Tout d'abord, comment peut-on revenir à un état de nature simplifié sans abandonner les avantages de la civilisation moderne, tels que la médecine, la technologie et l'éducation ? Ensuite, comment peut-on éviter que cette nouvelle société ne soit pas elle-même corrompue par des intérêts égoïstes et des comportements violents ? Enfin, comment peut-on s'assurer que cette nouvelle société ne soit pas elle-même une source d'inégalités sociales et morales ?

Ces questions soulignent les limites de la vision de Rousseau et la nécessité de réfléchir à des solutions alternatives à la corruption de l'homme par la civilisation et la culture. Néanmoins, l'analyse de Rousseau reste pertinente pour comprendre les problèmes de l'inégalité sociale et morale dans nos sociétés contemporaines, ainsi que pour encourager une réflexion sur les moyens de réduire ces inégalités et de favoriser un retour à des valeurs plus simples et plus naturelles. Cela a au moins le mérite d'inviter à repenser le rôle de la culture et de la civilisation dans nos sociétés, et à proposer des alternatives plus justes et équitables pour garantir une société plus libre, égalitaire et respectueuse de l'équité.

Cette section a tenté de mettre en lumière la pertinence continue de la philosophie de Rousseau et à montrer comment ses idées peuvent être utilisées pour analyser les problèmes d'inégalité d'aujourd'hui en appliquant les idées de Rousseau à ces aspects de la société contemporaine. Cette compréhension approfondie nous permettra d'envisager des solutions et des réformes pour réduire l'inégalité et établir une société plus équitable pour tous.

4.4. CONCLUSION

Malgré le fait qu'il ait été écrit au 18e siècle, le discours de Jean-Jacques Rousseau sur l'origine et la raison de l'inégalité parmi les êtres humains reste pertinent pour nos discussions sur l'inégalité dans le monde moderne. En examinant la pertinence actuelle de ses concepts, nous avons pu mieux comprendre les mécanismes qui contribuent à l'inégalité sous toutes ses formes, de l'inégalité économique à l'inégalité d'accès aux opportunités et à la reconnaissance sociale.

CONCLUSION GÉNÉRALE

Problématiser la dialectique civilisatrice à travers le passage de l'état de nature à l'état de société, tel était notre objectif originel. L'avons-nous atteint? Ne l'avons-nous pas atteint? Telle est la question qu'il convient de poser, en guise d'évaluation, au terme de notre parcours réflexif. Libre à chacun d'apprécier! Quant à nous, heureux sommes-nous d'avoir fait œuvre de penser, au-delà d'une simple gymnastique intellectualiste. En effet, notre œuvre de penser s'est efforcée de saisir de plus près les grandes lignes du rousseauisme cristallisées dans le second Discours, en vue d'une contextualisation aux enjeux contemporains.

Quoique structuré en quatre chapitres, notre approche réflexive s'est mue entre deux pôles: la nature et la société. Avec Jean-Jacques Rousseau comme compagnon de route, il s'agissait de montrer en substance que *"l'homme naît naturellement bon, et c'est la société qui le rend mauvais"*. Partie d'une anthropologie, le Discours aboutit à une éthique via une critique socio-politique.

En effet, Rousseau estime que la réponse à la question du concours qu'organisait l'Académie de Dijon en 1753 – quelle est l'origine de l'inégalité parmi les hommes et si elle est autorisée par la loi naturelle? – suppose au préalable la connaissance de l'homme naturel, au-delà des altérations sociales, responsables des inégalités interhumaines. Si l'homme social ou civil est comparé à la statue platonicienne du dieu marin Glaucus, dont les formes étaient défigurées et cachées par les algues, c'est parce que la retrouvaille de l'homme tel qu'il est, derrière les apparences, passe par une maïeutique. Ainsi, pour rendre compte de ce qui est réellement, l'approche rousseauiste postule un état conjectural comme condition de possibilité d'un devoir-être légitime.

L'anthropologie de Rousseau, selon la description du Discours sur l'inégalité (cfr. l'état de nature), se présente à la fois comme hypothèse de travail, comme critère et comme norme, en vue respectivement d'éclaircir la nature des choses, de mesurer le degré d'éloignement de l'homme social par rapport à une origine hypothétique, de juger d'un point de vue éthique la dégradation de l'homme civilisé. À la différence des autres contractualistes, la construction rationnelle – d'un état antérieur à la société – du citoyen de Genève distingue un double état de nature: anhistorique et historique.

L'effort d'unification philosophique qui a tenté de construire conceptuellement le commencement conjectural de l'humanité est passé par une voie tant métaphorique que mythique. L'époque pré-sociale se présente d'une part comme une désignation mythique du temps avant le temps, de l'humanité originaire, extra-temporelle et extra-historique; et d'autre part comme une expérience vécue, un fantasme d'enfance perpétué, une évidence intérieure. Voilà, nous semble-t-il, le paradoxe rousseauiste.

Il va sans dire que la naissance dont il est question ici n'est nullement biologique et dire que l'homme naît naturellement bon implique une plongée maïeutique dans l'originaire – et non l'originel – humain à travers la saisie de sa quiddité. Le "bon-originaire" attribué à l'animal humain (asocial, perfectible, heureux, amoral) renvoie dans la perspective de Rousseau à l' "innocence", laquelle innocence ne se définit point par opposition à la culpabilité, mais signifie, pour parler comme Nietzsche, par-delà le bien et le mal. Seuls deux principes instinctifs pré-moraux, la conservation de soi et la pitié (la répugnance de voir souffrir son semblable), guident l'agir de l'homme naturel. Comment expliquer dès lors le passage de la quasi-animalité à l'humanité, de la nature à la société?

De ce qui précède, il ressort que les associations d'hommes sont des conséquences aléatoires des accidents cosmiques. L'avènement de l'être-ensemble n'est donc qu'un fait contingent. Il nous semble qu'ici se trouve l'originalité de Rousseau qui fustige le double péché d' "erreur symétrique" – le fait de présenter comme une nécessité le passage de l'état de nature à l'état de société – et d' "illusion rétrospective" – le fait d'attribuer à l'homme naturel les qualités sociales. L'être-là de la société, qui contraste avec le début de la descente aux enfers de l'humanité, est fonction d'une évolution allant de l'état de nature historique (la société naissante ou commencée), étape intermédiaire où l'espèce humaine quoique vivant déjà en groupe mène encore une vie sauvage proche de la nature, à l'état de société advenu par contrat.

Astuces des riches, ce pacte d'association fut suivi par le pacte de soumission qui confia aux magistrats choisis par le peuple le rôle de gouverner la cité. Le pouvoir légitime confié aux magistrats s'est vite transformé en un pouvoir arbitraire d'oppression, qui replongea l'humanité dans le pire état de guerre de tous contre tous, de chacun contre chacun. On comprend dès lors le pessimisme du Genevois (c'est la société qui rend l'homme mauvais) que traduit la problématisation de la socialisation, responsable de la corruption, de l'aliénation et de la négation de l'essence humaine.

Il nous est apparu, durant notre bref séjour dans le rousseauisme, que le passage de la nature à la société comporte tout de même un "progrès" rétrograde, apparent, ou mieux, unidimensionnel, dans la mesure où le seul développement des facultés rationnelles de l'homme au contact des circonstances aléatoires conduit l'espèce humaine à sa décrépitude. De cette chute multisectorielle (sociale, économique, politique), il en sort un homme déplacé, égaré, aliéné, bref une humanité déshumanisée par la civilisation. Le changement dialectique, opéré au moyen de grandes révolutions sociales, a à coup sûr confondu les échelles de valeur en élevant l'avoir, le paraître, le pouvoir, au rang de l'être.

Le mal social, dont il est question dans le deuxième Discours, n'est rien d'autre que l'inégalité "artificielle" – par opposition à l'inégalité naturelle insensible – qui s'enracine dans la propriété, racine de tous les maux et vectrice de la stratification comme de la disparité sociale. Devant le régime inégalitaire, porteur de la dialectique du maître et de l'esclave, qui conduit la barque humanitaire au naufrage de l'état de guerre, le second Discours postule un devoir-être meilleur, une cité idéale à l'instar de la République platonicienne.

Le quatrième chapitre de ce livre explore la pertinence de la théorie de l'inégalité de Jean-Jacques Rousseau dans la société contemporaine. Il revisite des concepts clés tels que l'état de nature, l'amour-propre, la propriété privée et les institutions sociales, en soulignant la persistance des inégalités dans notre monde moderne. Il met en évidence la corrélation entre les idées de Rousseau et les défis actuels liés à l'inégalité, tels que les disparités économiques, les inégalités d'opportunités, l'accès inégal aux ressources et les inégalités politiques. Ce chapitre propose une réflexion sur la manière dont la philosophie de Rousseau pourrait inspirer des actions visant à créer une société plus équitable. Il critique la propriété privée et appelle à repenser les normes économiques actuelles et à explorer des alternatives plus justes pour assurer une répartition équitable des richesses. À la manière d'un plaidoyer, le dernier chapitre de ce livre appelle également à une réévaluation des fondements des sociétés modernes.

Le plaidoyer – de l'auteur du *Discours sur l'inégalité* – pour une société légitime n'est, à vrai dire, qu'une revendication de fonder le socio-politique sur l'éthique, une éthique qui prône la participation de tous et de chacun à la construction d'une société juste. Ainsi l'égalité de tous devant la loi favoriserait-elle un meilleur vivre-ensemble, l'épanouissement d'un Moi public, doté d'une liberté juridique ou légale.

BIBLIOGRAPHIE

1. LIVRES DE ROUSSEAU

1.1. LIVRE DE BASE

ROUSSEAU,
Jean-Jacques

Discours sur l'origine et les fondements de l'inégalité parmi les hommes. Texte établi, présenté et annoté par Jean Starobinski. Paris, Ed. Gallimard, 1965, 283 pages.

1.2. AUTRES LIVRES

ROUSSEAU,
Jean-Jacques,

-*Discours sur les sciences et les arts*. Présentation de Henri Guillemin. Paris, Union générale d'édition, 1963, 373.

-*Du contrat social ou les principes du droit politique*. Paris, Marabout-Université, 1974, 188 pages.

-*Emile ou de l'éducation*. Chronologie et introduction par Michel Launay. Paris, Garnier-Flammarion, 1966, 629.

-*Lettre à D'Alembert sur les spectacles*. Paris, Librairie Ch. Poussielgue, 1987, 144 pages.

-*Profession de foi du vicaire savoyard*. Paris, Flammarion, 1996, 181 pages.

-*Rêveries du promeneur solitaire*. Chefs-d'œuvre classiques. Paris, Rencontre-Hachette, 1963.

-*Les Confessions*. En 2 volumes. Paris, Emest Flammarion, sans date, 696 pages.

-*Lettres inédites*. Correspondance avec Mme Boy de la tour, publiées par Henri de Rothschild, avec une préface de Léo Claretie. Paris, Calmann-Lévy, 1982, 316 pages.

-*Oeuvres complètes*. Édition publiée sous la

direction de Bernard Gagnebin et Marcel Raymond, Bibliothèque de la pléiade". Paris, Ed. Gallimard, 1990, 9 184 pages.

1. DOCUMENTS SUR ROUSSEAU

2.1. LIVRES

BEMI-NGBALI, Marien-Edgard, *La Critique de la science*. Une simple "reprise-autre" du Discours sur les sciences et arts de Jean-Jacques Rousseau (séminaire inédit). Kinshasa, Faculté de philosophie Saint Pierre Canisius, 1997, 30 pages.

DAMROSCH, Leo, *Jean-Jacques Rousseau: Restless Genius*. Boston, Mariner Books, 2007, 576 pages.

GOUHIER, H., *Les méditations métaphysiques de Jean-Jacques Rousseau*. Paris, Vrin, 1970, 278 pages.

GOUZY, Albert, *Rousseau: 'Discours sur l'origine et les fondements de l'inégalité parmi les hommes'*. Paris, Ellipses, 2014.

KHODOSS, Florence, *-Jacques-Jacques Rousseau, L'homme*. Textes choisis. Paris, P.U.F., 1971, 160 pages.

-Rousseau le citoyen. Textes choisis. Paris, P.U.F., 1974, 196 pages.

MAY, G., *Jean-Jacques Rousseau par lui-même*. "Ecrivains de toujours". Paris, Seuil, 1961, 189 pages.

MOREA, Joseph, *Jean-Jacques Rousseau*. Paris, P.U.F., 1973, 190 pages.

MORNET, Daniel, Rousseau, l'homme et l'œuvre. Paris, Ed. Bovin & Cie, 1950, 187 pages.

NAMER, Gérard, *Rousseau sociologue de la connaissance*. De la créativité au Machiavélisme. Paris, Ed.

PAYOT, Roger,

Klincksieck, 1978, 382 pages.

Jean-Jacques Rousseau ou gnose tronquée. Grenoble, Presse universitaire de Grenoble, 1978, 242 pages.

RILEY, Patrick,

The General Will Before Rousseau: The Transformation of the Divine into the Civic. Princeton , Princeton University Press, 2016, 294 pages.

SHKLAR, Judith,

The Faces of Injustice. Yale, Yale University Press, 1992, 151 pages.

STAROBINSKI, Jean,

Jean-Jacques, la transparence et l'obstacle. Paris, Gallimard, 1976, 457 pages.

THONNARD, F.-J.,

Précis de l'histoire de la philosophie. Paris, Desclée & Cie, 1952, 1011 pages.

TRINTZIUS, R.,

La vie privée de Jean-Jacques Rousseau. Paris, Hachette, 1946, 252 pages.

WILLIAMS, David Lay,

Rousseau's 'Social Contract': An Introduction. Cambridge, Cambridge University Press, 2014, 330 pages.

WOKLER, Robert,

Rousseau: A Very Short Introduction. Oxford, Oxford University Press, 2001, 192 pages

2.2. ARTICLES

ANSART, Jacqueline,

"Quête d'identité et temporalité chez Rousseau", in *Revue Philosophique de la France et de l'Étranger*, numéro 3, Juillet-Septembre 1978, pp. 261-272.

BACHTA, Abdelkader,

"Différentielles et intégrales sociales chez Rousseau, *in Archive de Philosophie*, Tome 53, 1990, pp. 647-660.

BELEVAL YVON,

"Voltaire ou Rousseau, in *Revue Internationale Philosophie,* 1978, pp. 371-384.

BENICHOU, P.,   "Jean-Jacques Rousseau : de la personne à la doctrine, *in Revue de Métaphysique et de Morale*, 1954, pp. 269-284.

BESSE, G.,   "Le sage et le citoyen selon Jean-Jacques Rousseau", *in Revue de Métaphysique et de Morale*, 1973, pp. 18-31.

BEYSSADE, J-M.,   "Du contrat social en général", in *Revue Philosophique de la France et de l'Étranger*, 1978, pp. 273-285.

BOCHENSTEIN, B.,   "Quelques considérations sur la présence de Rousseau dans l'œuvre de Kleist", in *Revue de Théologie et de Philosophie*, 1978, Vol. 110/IV, pp. 403-411.

BONHOTE, N.,   "Essai sur la genèse et la structure de l'autobiographie chez Rousseau", in *Revue de Théologie et de Philosophie*, 1978, Vol. 110/IV, pp. 341-362.

BOUREL, D.,   "Les réserves de Mendelshon, Rousseau, Voltaire et le Juif de Berlin", in *Revue Internationale de Philosophie*, 1978, Numéro 124-125, Fasc. 2-3, pp. 309-326.

BUK, G.,   "La place systématique de l'Émile dans l'œuvre de Rousseau", in *Revue de Théologie et Philosophie*, 1978, V. 110/IV, pp. 363-402.

BURGELIN, P.,   -"Les confessions de Jean-Jacques Rousseau", in Archives de Philosophie, 1959, Numéro 2, pp. 39-60.

-Le terme de la bonté naturelle dans l'Émile", in *Revue de Théologie et Philosophie,* 1965, pp. 337-425.

-"L'unité de l'œuvre de Rousseau", in *Revue de*

Métaphysique et de Morale, 1960, pp. 199-209.

-"Jean-Jacques Rousseau", in *Les philosophes célèbres*, Paris, Editions d'Art, 1956, pp. 214-217.

CASSIRER, Ernst, -*Le problème de Jean-Jacques Rousseau*, Traduit de l'allemand par Marc B. de Launay. "Textes du XXème siècle". Paris, Hachette, 1987, 135p.

-"Les problèmes de Jean-Jacques Rousseau (I), II, in *Revue de Métaphysique et de Morale*, 1986, pp. 147-159.

-"Les problèmes de Jean-Jacques Rousseau (II), III, in *Revue de Métaphysique et de Morale*, 1986, pp. 399-423.

-"Les problèmes de Jean-Jacques Rousseau (III), IV, in *Revue de Métaphysique et de Morale*, 1986, pp. 519-537.

CHIMSLEY, Ronald, "Rousseau, Jean-Jacques", in *Encyclopedia of philosophia*, Vol. 7 and 8 Index, New York, 1972, pp. 218-225.

DERATHE, R., "Jean-Jacques Rousseau et le Christianisme", in *Revue de Métaphysique et de Morale*, 1948, pp. 379-414.

DERRIDA, Jacques, "La linguistique de Rousseau", in *Revue Internationale de Philosophie, 1*967, (21), pp. 421-442.

DESCHOUX, M., "Consistance de Rousseau le philosophe", in Revue de Théologie et de Philosophie, 1978, V. 110/IV, pp. 421-425.

FERRARI, J., "Voltaire et Rousseau, hommes de science dans l'œuvre de Kant", in *Revue Internationale de Philosophie*, 1978, Numéro 124-125, Fasc. 2-3, pp. 346-356.

FONTAINE, José, "Profondeur personnelle et dimensions collectives du mal et du mensonge chez Rousseau et chez Kant", in *Revue Philosophique de Louvain*, 1977, T. 75, pp. 612-623.

GAGNEBIN, C., "La formation de la métaphysique rousseauiste d'après Henri Gouhier", in Revue de Théologie et de Philosophie, 1978, V. 110/IV, pp. 413-420.

GAGNEBIN, Bernard, "Rousseau (Jean-Jacques)", in *Encyclopaedia Universalis*, Vol. 20, Paris, 1992, pp. 318-321

GAUSS, Christian, "Rousseau (Jean-Jacques)", in *Encyclopaedia Americana*, Vol. 23, New York, 1976, pp. 723-725.

GOUHIER, H., "La perfectibilité selon Jean-Jacques Rousseau", in *Revue de Théologie et de Philosophie*, 1978, V. 110/IV, pp. 321-339.

GOYARD-FABRE, Simone, "Sur quelques équivoques de la loi civile dans la doctrine de Rousseau", in *Revue Philosophique de la France et de l'Étranger*, Numéro 3, Juillet-Septembre, 1978, pp. 305-316.

HERTEL, François, "Rousseau, Jean-Jacques", in Encyclopédie Grolier, Tome 9, Montréal, 1952, pp. 1947-1948.

IMBERT, Francis, -"À propos de la contradiction chez Jean-Jacques Rousseau", in *Revue de Métaphysique et de Morale*, Numéro 1, Janvier-Mars, Paris, Armand Colin, 1978, pp. 171-203.

-"Critique de la science, critique de la philosophie chez Jean-Jacques Rousseau", in *Archives de Philosophie*, T. 52, 1989, pp. 203-230.

-"Le travail de contradiction dans le livre de l'Émile", in *Revue de Métaphysique et de Morale*, 1989, pp. 205-228.

LACHAUD, Jean-Marc,
"Rousseau, Jean-Jacques", in *Dictionnaire des Philosophes*, K-Z, Paris, P.U.F, 1984, PP. 2245-2252.

LACROIX, J.,
"La philosophie politique de Rousseau", in Revue de sciences philosophiques et théologiques, 1972, pp. 561-584.

LAUTH, Reinhard,
"Le système des pensées de Rousseau selon A. Philonenko", in *Archives de philosophie*, T. 50, 1987, pp. 23-53.

LE DUC-FAYETTE, D.,
"Introduction au numéro sur Rousseau", in *Revue philosophique de la France et de l'Étranger*, 1978, pp. 259-260.

LEDUC, Jean,
"Rousseau et Gluck", in *Revue philosophique de la France et de l'Étranger*, 1978, pp. 317-326.

MALABOU, Catherine,
"Images de l'ailleurs dans la philosophie politique de Rousseau", in *Revue philosophique de la France et de l'Étranger*, Numéro 2, Avril-Juin, 1987, pp. 161-167.

MARSHALL, T.,
"Art d'écrire et pratique politique de Jean-Jacques Rousseau" (I), II, in *Revue de métaphysique et de morale*, 1984, pp. 232-261.

M. C. L.,
"Rousseau, Jean-Jacques", in *Encyclopedia Britanica*, Vol. 15, Chicago, 1974, pp. 1170-1173.

METHAIS, Pierre,
"Contrat et volonté générale selon Hegel et Rousseau", in D'HONDT, J., *Hegel et le siècle des Lumières.* Paris, P. U. F., 1974, PP. 101-148.

PAYEN, J.-Ch.,
"Jean-Jacques Rousseau et le roman de rose", in *Revue philosophique de la France et de l'Étranger*, Numéro 3, Juillet-Septembre, 1978, pp. 351-356.

PHILONENKO, A.,
"Essai sur la signification des Confessions de Jean-Jacques Rousseau", in *Revue de métaphysique et de*

morale, 1974, pp. 1-26.

PICHE, C.,
"Rousseau et Kant", in *Revue philosophique de la France et de l'Étranger*, 1990, pp. 625-635.

RADIS-LEWIS, Geneviève,
"L'art de parler et l'essai sur l'origine des langues (Bernard Lamy et Rousseau)", in *Revue internationale de philosophie*, 1967, (21), pp. 407-420.

RAVIER, André,
"Le Dieu de Rousseau et le christianisme", in *Archives de philosophie*, T. 41, 1978, pp. 353-434.

RIEU, A.-M.,
"La nature de Jean-Jacques Rousseau", IV, in *Revue de métaphysique et de morale,* 1980, pp. 438-451.

ROBINET, A.,
"Lexicographie philosophique d'ordre de la nature dans la profession de la foi du vicaire savoyard", in *Revue internationale de philosophie*, 1978, fasc. 2-3, Numéro 124-125, pp. 238-259.

SCHOTTKY, Richard,
"La liberté d'après Rousseau", in *Archives de philosophie*, 1964, (27), pp. 577-591.

TINLAND, Franck,
"Hobbes, Spinoza, Rousseau et la formation de l'idée de démocratie comme mesure de la légitimité du pouvoir politique", in *Revue philosophique de la France et de l'Étranger*, Numéro 2, Avril-Juin, 1985, pp. 195-222.

TROUSSON, R.,
"Rousseau, sa mort et son œuvre dans la littérature pédagogique en 1778", in *Revue internationale de philosophie*, 1978, pp. 177-196.

VERENS, P. M.,
"Jean-Jacques Rousseau; parler la philosophie ou de la philosophie", in *Revue internationale de la philosophie*, 1978, fasc. 2-3, Numéro 124-125, pp. 197-213.

1. AUTRES DOCUMENTS CONSULTÉS

3.1. LIVRES

BREHIER, Émilie, *Histoire de la philosophie*, tome II, la philosophie moderne (XVIIIe siècle). Paris, P. U. F., 1950, 579 pages.

CHALIAND, Gérard, *L'enjeu africain.* Stratégies des puissances. Paris, Ed. Du Seuil, 1980, 155 pages.

CHEVALLIER, Jean-Jacques, *Les grandes Oeuvres politiques de Machiavel à nos jours.* Paris, Ed. Armand Colin, 1976, 303 pages.

COSTE, René, *Évangile et politique.* Paris, Ed. Aubier-Montaigne, 1968, 318 pages.

DECLOUX, Simon, *Cours d'éthique sociale* (inédit). Kinshasa, Faculté de philosophie Saint Pierre Canisius, 1997, 121 pages.

DUMONT, René, *L'Afrique noire est mal partie*, Edition revue et corrigée. Paris, Ed. Du Seuil, 1973, 254 pages.

DUROZOI, G. et ROUSSEL, A., *Dictionnaire de philosophie.* Paris, Ed. Nathan, 1990, 367 pages.

EBOUSSI BOULAGA, Fabien, *Les conférences nationales en Afrique.* Une affaire à suivre. Paris, Ed. Karthalan, 1993,

HOBBES, Thomas, Le Léviathan. Traite de la matière, de la forme et du pouvoir de la République ecclesiastique et civile, introduction, traduction et notes de François Trichaud. Paris, Ed. Sirey, 1971.

KABOU, Axelle, *Et si l'Afrique refusait le développement.* Paris, Ed. L'Harmattan, 1994, 207 pages.

KANT, Emmanuel, *Vers la paix perpétuelle.* Essai philosophique. Traduction précédée d'une introduction historique et critique par Jean Darbellay. Paris, P. U. F., 1974.

KAMUNDU YAMARA, Cours d'anthropologie philosophique (inédit) Kinshasa, Faculté de philosophie Saint Pierre Canisius, 1997, 77 pages.

KAUMBA LUFUNDA, Eléments de philosophie du droit (inédit) Kinshasa, Faculté de philosophie Saint Pierre Canisius, 1997, 76 pages.

KI-ZERBO, Joseph, *Histoire de l'Afrique noire.* D'hier à demain. Paris, Ed. Hatier, 1972, 703 pages.

LAURENT, Pierre, *Pufendorf et la loi naturelle.* "Bibliotheque d'histoire de philosophie". Paris, Librairie philosophique J. Vrin, 1982, 262 pages.

LOCK, John, *Traité du gouvernement civi*l. Traduction de David Mazel, introduction, bibliographie et notes par Simone Goyard-Fabre. Paris, Ed. GF-Flammarion, 1992, 381 pages.

MAQUET, Jacques, *Les civilisations noires.* Histoire, techniques, art, sociétés. Verviers, Ed. Marabout Universite, 1966, 319 pages.

NGOUPANDE, Jean-Paul, *Racines historiques et culturelles de la crise africaine.* Cotonou, Ed. du Pharaon, 1994, 58 pages.

NJOH-MOUELLE, Ebénézer, *Jalons. Recherche d'une mentalité neuve.* Yaoundé, Ed. Cle, 1970, 91 pages.

NKETO LUMBA, *Introduction au Discours sur l'origine et les fondements de l'inégalité parmi les hommes de Jean-Jacques Rousseau* (inédit), Séminaire III, Kinshasa, Faculté de philosophie Saint Pierre Canisius, 1997, 25 pages.

NZUZI BIBAKI,	Cours d'histoire de la philosophie africaine (inédit). Kinshasa, Faculté de philosophie Saint Pierre Canisius, 1996, 72 pages
ROGER, Guy,	*-L'action sociale*. Introduction à la sociologie générale I. Paris, Ed. H. M. H. Ltée, 1968, 194 pages. *-L'organisation sociale*. Introduction à la sociologie générale II. Paris, Ed. H. M. H. Ltée, 1968, 252 pages *-Le changement social*. Introduction à la sociologie générale III. Paris, Ed. H. M. H. Ltée, 1968, 318 pages
ZIEGLER, Jean,	*Sociologie de la nouvelle Afrique*. Paris, Ed. Gallimard, 1964, 380 pages.

3.2. ARTICLES

GOYARD-FABRE, Simone,	-"John Locke. Deux traités sur le gouvernement", in *Encyclopédie philosophique universelle*, les Oeuvres philosophiques, tome I, Paris, P. U. F., 1992, pp. 1299-1300. -"Pufendorf (Samuel)", in *Dictionnaire des philosophes* K-Z, Paris, P. U. F., 1984, pp. 2152-2153. -"Samuel Pufendorf", in *Encyclopédie philosophique universelle*, les Oeuvres philosophiques, tome I, Paris, P. U. F., 1992, pp. 1404-1407.
GURVITCH, G.,	"La philosophie du droit de Hugo Grotius et la théorie moderne du droit international, in Revue de *métaphysique et de morale,* 1927, pp. 365-391.
NGOMA BINDA,	"Idéologies traditionnelles et modernes d'Afrique noire: aux ordres du capital?", in *Revue*

	philosophique de Kinshasa, Vol. V, Numéro 7-8, Janvier-Décembre 1991, pp. 100ss.
	"La philosophie a-t-elle réellement contribué à l'humanisation de l'Africain? (leçon inaugurale),
NKETO LUMBA,	in *Raison Ardente,* Numéro 47 Décembre 1996, Kinshasa, Faculté de philosophie Saint Pierre Canisius, pp. 105-116.
POLIN, Raymond,	-"Hobbes (Thomas)", in *Encyclopaedia Universalis,* Vol XI, Paris, 1992, pp. 527-529.
	-"Locke (John)", in *Les philosophes célèbres,* Paris, Ed. D'art Lucien Mazenod, 1956, pp. 176-179.
SPITZ, Jean-Fabien,	"Le concept d'état de nature chez Locke et chez Pufendorf, Remarques sur le rapport entre épistémologie et philosophie morale au XVIIième siècle, in *Archives de philosophie,* T. 49, Juillet-Septembre, 1986, pp. 437-452.
ZARKA, Yves-Charles,	"Locke John", in *Dictionnaire des philosophes,* K-Z, Paris, P. U. F., 1984, pp. 1612-1620.

---

[1] Jean-Jacques ROUSSEAU, *Les Confessions,* Œuvres complètes, tome I, pp. 388-389.

[2] L'*Aufklärung* est un courant de pensée, qui s'étend approximativement des années 1720[1]-1730[2] aux années 1775[3]-1785[4], durant lesquelles se développera le *Sturm und Drang*[5] (« tempête et passion » en français : un mouvement à la fois politique[6] et littéraire[7] allemand[8] de la seconde moitié du xviii[9]e[10] siècle[11].). Ce

---

1. https://fr.wikipedia.org/wiki/1720

2. https://fr.wikipedia.org/wiki/1730

3. https://fr.wikipedia.org/wiki/1775

4. https://fr.wikipedia.org/wiki/1785

5. *https://fr.wikipedia.org/wiki/Sturm_und_Drang*

courant intellectuel est souvent identifié aux *Lumières*[12]. Le terme *Aufklärung* est utilisé en Allemagne[13] à partir de 1770[14] et (comme *lumières*[15] ou *enlightenment*[16]) recouvre des notions difficiles à définir.

[3] L'agir suit l'être, c'est-à-dire chaque étant agit conformément à sa forme.

[4] KAUMBA, *Éléments de philosophie du droit* (inédit), p. 61ss.

[5] Simone GOYARD-FABRE, Pufendorf, in *Encyclopedia universalis*, les œuvres philosophiques, tome 1, p. 1405.

[6] **Hybris** signifiait chez les Grecs antiques le péché de démesure ou le fait de s'égaler aux dieux.

[7] Jean-Fabien SPITZ, Le concept d'état de nature chez Locke et chez Pufendorf, Remarques sur le rapport entre épistémologie et philosophie morale au XVIIo siècle, in *Archives de philosophie*, tome 49, p. 444.

[8] Gerard DUROZOI et André ROUSSEL, *Dictionnaire de philosophie*, p. 104.

[9] Jean-Jacques CHEVALIER, *Les grandes œuvres politiques de Machiavel à nos jours*, p. 47.

[10] Thomas HOBBES, *Le Léviathan*, ou la matière, la forme et la puissance d'un état ecclésiastique et civil, p. 125.

[11] John LOCKE, *Traité de gouvernement*, p. 156.

[12] Emmanuel KANT, *Vers la paix perpétuelle*, p. 32.

[13] Emmanuel KANT, op. cit., p. 33.

---

6. https://fr.wikipedia.org/wiki/Politique

7. https://fr.wikipedia.org/wiki/Litt%C3%A9raire

8. https://fr.wikipedia.org/wiki/Allemand

9. https://fr.wikipedia.org/wiki/XVIIIe_si%C3%A8cle

10. https://fr.wikipedia.org/wiki/XVIIIe_si%C3%A8cle

11. https://fr.wikipedia.org/wiki/XVIIIe_si%C3%A8cle

12. *https://fr.wikipedia.org/wiki/Lumi%C3%A8res_(philosophie)*

13. https://fr.wikipedia.org/wiki/Allemagne

14. https://fr.wikipedia.org/wiki/1770

15. *https://fr.wikipedia.org/wiki/Lumi%C3%A8res_(philosophie)*

16. *https://en.wikipedia.org/wiki/en:enlightenment*

[14] Daniel MORNET, *Rousseau, l'homme et l'œuvre*, p. 41

[15] NKETO LUMBA, *Introduction au Discours sur l'origine et les fondements de l'inégalité parmi les hommes de Jean-Jacques Rousseau* (inédit), Séminaire III, p. 5

[16] Jean-Jacques ROUSSEAU, *Discours sur l'origine et les fondements de l'inégalité parmi les hommes*, p. 62.

[17] Cfr. Roger PAYOT, *Jean-Jacques Rousseau ou gnose tronquée*, pp. 41-46

[18] Jean-Jacques ROUSSEAU, *Discours sur les sciences et les arts, œuvres complètes*, tome III, p.8.

[19] Henri GOUHIER, *Les méditations métaphysiques de Jean-Jacques Rousseau*, cité par STAROBINSKI, *La transparence et l'obstacle*, p. 31.

[20] Jean-Jacques ROUSSEAU, *Discours sur l'origine et les fondements de l'inégalité parmi les hommes*, p. 55.

[21] Les jurisconsultes et les modernes définissent la loi naturelle respectivement comme expression des rapports généraux établis par la nature entre tous les animés, pour leur conservation, et comme une règle prescrite à un être moral, c'est-à-dire intelligent, libre, et considéré dans ses rapports avec d'autres êtres. Cfr. Florence KHODOS, *Jean-Jacques Rousseau, l'homme* (textes choisis), pp. 17-18.

[22] Cfr. Jean-Jacques ROUSSEAU, *Discours sur l'origine et les fondements parmi les hommes*, pp. 64-65.

[23] Jean-Jacques ROUSSEAU, op. cit. p.94.

[24] *Idem*, p. 71.

[25] *Ibidem*, p. 76

[26] Florence KHODOSS, *Jean-Jacques Rousseau, l'homme* (textes choisis), p. 25.

[27] Nicolas BONHOTE, Essai sur la genèse et la structure de l'autobiographie chez Rousseau, in *Revue de théologie et de philosophie*, tome 110/IV (1978), p. 344.

[28] Jean STAROBINSKI, *Jean-Jacques Rousseau, la transparence et l'obstacle*, p. 35

[29] Jean-Jacques ROUSSEAU, *Origines des langues*, p. 521.

[30] Jean-Jacques ROUSSEAU, *Discours sur l'inégalité*, p. 97

[31] *Idem*, p. 99

[32] *Malaise dans la civilisation* est le titre d'un des ouvrages de Sigmund FREUD (1856 – 1939), fondateur de la psychanalyse.

[33] Jean-Jacques ROUSSEAU, *Discours sur l'inégalité*, p. 61.

[34] Florence KHODOSS, *Rousseau, le Citoyen* (textes choisis), p. 13.

[35] Gérard NAMER, *Rousseau, sociologue de la connaissance*, p. 44.

[36] Jean-Jacques ROUSSEAU, Discours sur l'inégalité, p. 100.

[37] Idem, p. 104.

[38] Ibidem, p. 94.

[39] La propriété, en effet, n'est encore que factuelle: fondée sur le pseudo droit du plus fort ou du premier occupant.

[40] Ce pacte n'est qu'une convention d'entraide et de non-agression légitimant par la loi l'inégalité avantageuse aux riches et non un véritable contrat fondant une société juste.

[41] Jean-Jacques ROUSSEAU, *Discours sur l'inégalité*, p. 107.

[42] Le principe d'abdication contractuelle ou de retrait du contrat implique la révocation, faute d'un pouvoir supérieur capable de garantir la fidélité des contractants et de les forcer à remplir leurs engagements réciproques.

[43] Jean-Jacques ROUSSEAU, *État de guerre*, Œuvres complètes, tome 3, p. 610.

[44] Roger PAYOT, *Jean-Jacques Rousseau ou la gnose tronquée*, p. 192.

[45] Jean-Jacques ROUSSEAU, *Discours sur l'inégalité*, p. 122.

[46] Cfr. Roger PAYOT, *op. cit.*, pp. 82-86.

[47] Jean-Jacques ROUSSEAU, *Les Confessions*, livre 4, œuvres complètes, tome 1, p. 407.

[48] Jean-Jacques ROUSSEAU, *Discours sur l'inégalité*, p. 109.

[49] Idem, p. 31.

[50] Ibidem, p. 31.

[51] *Ibidem*, p. 41.

[52] Jean-Jacques ROUSSEAU, *Les Confessions*, livre 9, Œuvres complètes, tome 1, p. 404.

[53] Jean-Jacques ROUSSEAU, *Discours sur l'inégalité*, p. 45.

[54] *Idem*, p. 44.

Don't miss out!

Visit the website below and you can sign up to receive emails whenever Marien-Edgard Ngbali BEMI publishes a new book. There's no charge and no obligation.

https://books2read.com/r/B-A-FLGEB-NPEYC

BOOKS2READ

Connecting independent readers to independent writers.

Also by Marien-Edgard Ngbali BEMI

DE L'ÉTAT DE NATURE À L'ÉTAT DE SOCIÉTÉ
Problématisation de la dialectique civilisatrice dans le "Discours sur
l'origine et les fondements de l'inégalité parmi les hommes" de
Jean-Jacques Rousseau.

About the Author

Marien-Edgard Ngbali BEMI est professeur de Français et coordinateur de la théorie de connaissance à « British International School Istanbul » en Turquie. Il a enseigné diverses matières scolaires dans différents pays : République Démocratique du Congo, Royaume Uni et Turquie. Il a fait ses études en R.D. Congo, en Italie et au Royaume Uni. Polyglotte parlant plusieurs langues, il est détenteur de nombreux diplômes universitaires dont une une licence en théologie, une double maîtrise en philosophie et en éducation. Il est en outre auteur de quelques articles et de plusieurs livres.